U0676786

本书出版获澳门科学技术发展基金项目“澳门中小学智能学习系统与远像光屏学习机及其关键技术研究”（项目编号：0071/2023/RIB3）的支持；获澳门基金会2023年度科研项目“中小学数字教材：系统设计、应用策略及行为数据分析”（项目编号：MF2316）的支持。

中小学数字教材

系统设计、应用策略及行为数据分析

代 毅　彭 俊◎著

中国·广州

图书在版编目（CIP）数据

中小学数字教材：系统设计、应用策略及行为数据分析/代毅，彭俊著. —广州：暨南大学出版社，2024. 11
ISBN 978-7-5668-3821-6

Ⅰ. ①中…　Ⅱ. ①代…②彭…　Ⅲ. ①中小学—数字化—教材—研究　Ⅳ. ①G632. 3

中国国家版本馆 CIP 数据核字（2023）第 222356 号

中小学数字教材：系统设计、应用策略及行为数据分析
ZHONG-XIAOXUE SHUZI JIAOCAI：XITONG SHEJI YINGYONG CELÜE JI XINGWEI SHUJU FENXI
著　者：代　毅　彭　俊

出 版 人：阳　翼
策划编辑：姚晓莉
责任编辑：许碧雅
责任校对：刘舜怡　陈慧妍
责任印制：周一丹　郑玉婷

出版发行：暨南大学出版社（511434）
电　　话：总编室（8620）31105261
　　　　　营销部（8620）37331682　37331689
传　　真：（8620）31105289（办公室）　37331684（营销部）
网　　址：http：//www. jnupress. com
排　　版：广州市广知园教育科技有限公司
印　　刷：广东信源文化科技有限公司
开　　本：787mm×1092mm　1/16
印　　张：10. 5
字　　数：150 千
版　　次：2024 年 11 月第 1 版
印　　次：2024 年 11 月第 1 次
定　　价：49. 80 元

前　言

选择“中小学数字教材：系统设计、应用策略及行为数据分析”作为研究课题，是受一种使命的驱使，这种使命感源于笔者在“数字教材”和“教师教学行为大数据分析”方面多年研究的切身经历。笔者自2012年起参与我国第二代数字教材的研发、应用和落地工作，并在珠海市建立起我国首个数字教材应用研究基地。相关的“基于数字教材的教师动态生成性行为数据采集模型与行为模式研究”入选了广东省哲学社会科学“十四五”规划2021年度一般项目；“粤教云数字环境下教师群体协同交互研修的策略研究”入选了全国教育信息技术“十三五”重点课题，均获得了资助。目前已研发出以数字教材为核心的课程教学产品，并于2020年初启动了“数字教材创新应用研究项目”，为珠海市、宁夏回族自治区等149所试点学校提供课程改革实践的抓手。

中小学数字教材作为承载国家意志、落实国家教育根本任务和系统性反映课程标准要求的核心课程资源，是优秀资源整合与先进技术的体现。广东省率先于2013年与人民教育出版社合作启动数字教材应用研究试点项目，2018年启动了“广东省义务教育阶段国家课程数字教材全省覆盖应用工程”，成为全国首个给基础教育师生普及数字教材的省份。2019年12月，数字教材被写入新出台的《中小学教材管理办法》，标志着国家从政策层面将数字教材纳入规范化管理范畴。2020 年，数字教材在教育部课程教材发展中心、课程教材研究所的基础教育课程教学改革示范区中开展示范性应用。

数字教材是优质数字教育资源中最为基础、核心的内容，在国家课程数字教材规模化应用的基础上，挖掘隐藏在数字教材应用数据背后的教师行为特征对于提升教师专业发展能力具有重要价值。本研究以笔者研究和实践的历程为主线，以教学设计理论、首要教学原理、多媒体学习认知理论为指导，从数字教材的发展历程和意义、数字教材课程云平台的系统设计、中小学课堂教学应用模式和应用效果分析、教师动态生成性行为数据采集模型与行为模式分析等方面开展研究。本书从理论到实践的主要内容如下：

第一，设计并开发了基于数字教材的课程云平台支撑系统。从教育信息化应用的角度分析目前数字教材在设计上存在的矛盾，包括数字教材的核心价值与多样化需求的矛盾、数字教材的文本结构与应用理念的矛盾、数字教材技术应用与教材管理之间的矛盾。基于融合应用理念，提出通过强化核心资源特征，建设以数字教材为核心的教学应用系统（包括终端）和加强数字教材与其他数字资源之间的互联互通等设计改进策略，以此提高数字教材对教学应用实践的支持力度，结合实际调研和实践，研发了新一代数字教材系统。

第二，数字教材服务于中小学课堂教学的应用策略。针对数字教材及配套数字教育资源规模化应用到课堂教学的特定场景，从不同学科、不同学段的学习者特征角度探索数字教材所发挥的作用，对数字教材服务于课堂教学应用的策略进行研究。关注应用过程中的动态生成性行为数据的采集，为教师的应用行为分析提供数据支持。

第三，构建基于数字教材的教师动态生成性行为数据的采集模型，开展行为模式挖掘研究。研究重点涉及小学教师在数字教材使用过程中的行为特点和内涵特征，提出基于数字教材的教师动态生成性行为数据的采集方法，构建基于情境感知的动态生成性行为数据采集模型，采用基于教师动态生成性行为数据的频繁序列模式挖掘方法和聚类分析算法以总结教师行为模式，并在此基础上完成基于数字教材的教师动态生成性行为数据采集与分析系统的开发，最后对分析系统的应用效果进行评估，以促进教师的专业发展。

本书的主要工作实践与研究内容源于笔者在北京师范大学的博士后研究课题。笔者的博士后合作导师北京师范大学刘臻教授、李玉顺教授、余胜泉教授对本研究给予了热心的帮助。本书出版于笔者在澳门城市大学教育学院工作期间，澳门城市大学彭俊博士为本书的修订提供了极为出色的专业支持。本书的出版得到了澳门科学技术发展基金项目“澳门中小学智能学习系统与远像光屏学习机及其关键技术研究”、澳门基金会 2023 年度科研项目“中小学数字教材：系统设计、应用策略及行为数据分析”及广东省哲学社会科学“十四五”规划 2021 年度一般项目“基于数字教材的教师动态生成性行为数据采集模型与行为模式研究”的支持。本书也凝聚了多位一线教师和教育工作者的心血，在此一并深表谢忱。由于工作量大，作者水平有限，书中难免有不妥、疏漏之处，望广大读者不吝赐教。

代 毅

2024 年 11 月于澳门

目　录

第一章　绪　论

一、研究背景

1. 数字教材将成为数字教育新基建的创新基础设施

《中国教育现代化 2035》中明确指出："加快信息化时代教育变革，创新教育服务业态，建立数字教育资源共建共享机制"是我国教育现代化十大战略目标之一。2019 年 6 月，中共中央、国务院印发的《关于深化教育教学改革全面提高义务教育质量的意见》进一步明确需要建立覆盖义务教育各年级、各学科的数字教育资源体系，切实提高课堂教学质量。同年 9 月，教育部等十一部门联合印发的《关于促进在线教育健康发展的指导意见》提出要实施"教育大资源共享计划"，扩大在线教育资源供给，推动学校加大在线教育资源的研发和共享力度，扩大优质资源的辐射面。进入 21 世纪以来，国家在推进教育信息化方面采取了一系列重大战略举措，推进教育信息化从 1.0 向 2.0 转型升级。但我国在推进教育信息化公共服务体系建设、加快教育信息化应用方面还面临着重大挑战。

教育信息化既是推动教育变革、实现教育现代化的重要技术力量，也是促进教育公平的重要政策工具。2021 年 7 月，教育部等六部门印发了《关于推进教育新型基础设施建设构建高质量教育支撑体系的指导意见》，文件明确提出了教育新基建的内涵和范围，指出教育新基建是以新发展理念为引领，以信息化为主导，面向教育高质量发展需要，聚焦信息网络、平台体系、数字资源、创新应用等方面的新型基础设施体系。

与此同时，数字教材研发及应用近年来逐渐成熟。数字教材由于全面落实课程标准要求，具有系统性、基础性、生动性等特点，承载着教学基本依据和面向全体学生发展的共性要求，在所有数字化课程资源中起着统领性作用。以数字教材为核心资源的数字化课程教学服务体系，将成为数字教育创新基础设施，是推动教育改革、数字教育新基建与课堂教学应用融合的重要动力，将成为国家治理体系和治理能力现代化的有力支撑。

2. 数字教材为实现教育大数据分析提供契机

大数据是当今信息技术快速发展的时代产物，随着大数据理念的传播及应用的逐步深入，其特点主要体现在大量、高速度、多样化等方面。[①] 随着物联网、云计算的兴起和发展，大数据的内涵也在不断变化和拓展。教育大数据作为大数据的一个子集，特指教育领域的大数据，也逐渐被广大教育者重新认识和评估，它不再仅仅是一堆用作统计的简单“数字”，而正在成为一种推动教育变革的科学力量。作为大数据在教育实践领域中的一个重要应用，学习分析已成为教育信息化领域中的重要研究趋势，通过分析课堂行为数据，能够帮助教育教学管理者作出更为恰当的决策。

常规教学中教师对教材的使用，综合了分析、探究、选择、创造的过程。但传统纸质教材只能承载有限的资源，难以满足个性化

① 刘凤娟. 大数据的教育应用研究综述［J］. 现代教育技术，2014，24（8）：13-19.

教学的需求。同时，传统纸质教材缺少采集、分析教学过程的理念层次与技术手段，教师无法准确了解自身以及学生的行为特征，较难获取具有针对性的行为数据，无法将数据驱动教学落到实处。

数字教材是教学内容的新形态，在数字教材的技术支持下，采集、记录与分析动态生成性行为数据成为可能。2019 年 12 月，数字教材被写入《中小学教材管理办法》，标志着国家首次从政策层面将数字教材纳入规范化管理范畴。数字教材作为承载国家意志、落实国家教育根本任务和系统反映课程标准要求的核心课程资源，是整合优秀资源与先进技术的体现。因此，基于数字教材的课堂教学创新性实践能够为教育大数据提供数据来源，丰富教育过程数据集，并通过新兴技术帮助挖掘过程性数据集中隐含的教育联系和规律，有助于变革教学行为，为教育大数据与学习分析研究提供契机。

3. 数字教材从珠海市先行到省域覆盖

人民教育出版社于 2012 年在珠海市建设全国首个数字教材应用研究基地。珠海市作为全国最早应用人教数字教材的地区，率先将数字教材应用与智慧课堂建设相结合。2013 年起，人教数字教材适配教学终端数字内容，并在珠海市教育网数据中心进行了大量的前期部署。第二代人教数字教材利用信息技术将教材模块化、内容立体化、资源功能化，具有立体化、互动化、智能化的特点，围绕教材重难点提供示范性、多层次的数字教学资源，并通过资源的交互性设计和即时评价等功能服务于自主性、探究性教学，将其丰富的资源和功能渗透到教学的各个环节之中。如今，珠海市推广数字教材已经从过去的试点应用阶段迈向了规模应用阶段。经过十余年的实践，珠海市中小学教师对数字教材的应用进行了较为深入的研究和探索，形成了丰富的成果。围绕数字教材促进教育资源均衡发展，拓展其他数字教育资源的应用模式，已经成为数字教材创新应用的常态。

珠海市推进教育现代化已进入实质性阶段，实现教育教学质量的现代化需要以数字化的教学内容为基础。2018 年，人民教育出版社将数字教材应用的试点范围扩大到全省，广东省教育厅主导建设“粤教翔云”数字教材应用平台，推动“粤教翔云”国家课程数字教材全覆盖工程。该平台以义务教育阶段国家课程标准的纸质教材为蓝本，深度融合数字化教学资源，具有动态化、开放化、立体化的特点，是信息技术条件下开展教与学活动的基础性资源核心平台。“粤教翔云”数字教材应用平台从 2019 年开始免费为广东省义务教育阶段 1 300 多万师生提供服务，助力教师线上教学和学生预习、复习，具有学科涵盖齐全、资源类型丰富、学科特色突出等特征。同时，平台打通“课前—课中—课后”三大教学环节，为课前教师备课、学生预习，课中师生互动，课后学生复习巩固、检测评价等日常教学活动提供资源和功能支持。

伴随着人教数字教材从珠海市试点到省域覆盖应用，研究团队也在积累经验和不断成长。自 2012 年起，我们参与人民教育出版社第二代数字教材研发和应用落地工作，于 2019 年受教育部教材局委托参与其与教育部科技发展中心共同承担的“国家数字化课程教材云平台建设”的课题研究，目前已研发出以数字教材为核心的课程教学平台支撑系统（http：//www. necibook. com），并申请了发明专利“一种数字教育资源推荐系统”“一种线上教师培训系统及培训方法”。研究团队于 2020 年启动了“数字教材创新应用研究项目”，为广东省珠海市、江苏省常州市、大连嘉汇教育集团、重庆市江津区、成都市锦江区等 17 个教育部基础教育教材发展中心课程改革实验区提供课程改革实践抓手，为实验区 149 所试点学校提供以数字教材为核心的智慧教学创新服务，并与宁夏回族自治区教育厅、重庆市江津区教育委员会等单位合作成立“数字课程教材应用研究中心”。相关成果很好地为本研究提供了专业和数据上的支持。

二、研究意义

数字教材的应用研究是信息技术与教育教学深度融合的体现，能够帮助学校充分利用信息技术开展人才培养模式和教学方法改革，逐步实现信息化教与学应用师生全覆盖。同时，数字教材的应用研究也是推进构建基于信息技术的新型教育教学模式、教育服务供给方式以及教育治理新模式的强大助力，其具体意义如下：

1. 促进教育数字化变革的重要推力

教材是为党育人、为国育才的重要载体，而数字教材是 Web 2.0 阶段课堂教学创新变革的核心资源。与传统纸质教材相比，数字教材的信息载体不再局限于文字与图片，能够通过更为丰富的形式完成信息的表达。更为重要的是，借助网络技术以及移动设备，用户能够打破时间与空间的束缚，及时获取所需要的教材内容。数字教材的深度和广泛应用在推动教育高质量发展上具有独特的地位和作用。

数字教材的引入，不仅增加了知识的呈现方式，更奠定了教学模式与学习方法创新的基础，在促进知识的共享与更新等方面，皆具有积极作用。数字教材由于全面落实课程标准要求，具有系统性、基础性、生动性等特点，承载着教学基本依据和面向全体学生发展的共性要求，在所有数字化课程资源中起着统领性作用。基于信息时代资源共享的优势，数字教材的全球“流通”将进一步促进教育教学变革。

2. 5G、人工智能等新技术与智慧教育融合应用的深入实践

在5G、人工智能等新技术快速发展的形势下，网络速率和数据吞吐量也快速增大，这为新技术更好地融入教育情境提供了无限可能，即提升了学生的学习体验，增强了学生对真实学习情境的感知。新技术的融入一是从技术层面上解决了智慧教育由在线速度、师生互联、资源共享、学习体验、情境感知等引发的难题，实现了多场景应用转换，促进虚拟交互更流畅、师生互动更及时，实现了远距离课堂（城市—农村课堂、跨国课堂等）无缝同步连接和多学习空间互相连接，从而真正达成空间育人的目的；二是便于更加广泛地收集学习过程中的学生学习数据，包括课堂学习数据、课下学习记录、线上学习数据、线下学习痕迹，真正地实现了教学与学习评价有迹可循。

基于数字教材的教学实践依托课程云平台，在5G等新技术支持下构筑师生共享教育教学资源的环境。无缝感知技术能够全面感知学习情境中的信息，对学习过程中产生的数据进行深度分析与挖掘，以识别授课教师的教学特征、教学风格、对信息技术的使用偏好等，有效引导和帮助教师改进教学组织形式。因此数字教材的应用研究过程是开放、智慧的，也是5G、人工智能等新技术与智慧教育融合的创新性实践。

3. 催生智慧型教师的强大助力

本研究为教师提供以数字教材为核心的智慧教育服务体系，通过提取、描述和分析教师的授课行为等各种数据，发现教师的教学

行为规律和方法特点，便于教师了解自己的教学行为习惯和特征，改进教学组织方式，提升课堂教学质量。同时，处于云端的各类教育资源的获取更为便捷、及时，这样将有效地保持教师教学和学生学习的自然连续性。本研究始终关注教师专业发展，构建了基于云平台的教师智慧研修体系，提供与实践结合的信息素养能力提升培训、教研支持等，将有效提升教师的“智慧”能力，培养一批智慧教师，最终培养学生的智慧之花，点燃学生的智慧之光。

4. 推进“教育新基建”平台建设的创新举措

近年来，人民教育出版社积极开展从小学到高中全部学科的数字教材开发，并在全国范围内加以推广应用。然而，数字教材在应用过程中缺乏有效的支持环境与服务体系，导致个性化学习支持不足、学习活动单调、交互方式单一等问题。因此，开启数字教材课程云平台创新应用模式研究尤为关键。该模式在新技术的支持下，将为数字教材提供全新的性能体验、个性化支持服务与多样化的应用情境，并深刻变革数字教材的生成与应用方式。

开展数字教材课程云平台创新应用，探索实现管理科学、技术先进、功能齐全、运行稳定的智慧教育服务体系和运营平台，一方面可推动以数字教材为标准的智慧课堂规范、有序、可持续发展，另一方面可抢占科技制高点，通过科技创新提高人才培养质量和促进教育公平，有利于积极培育新兴教育产业经济业态，深化新技术在教育服务领域的融合应用，是推进“教育新基建”建设的创新举措。

三、研究思路与研究方法

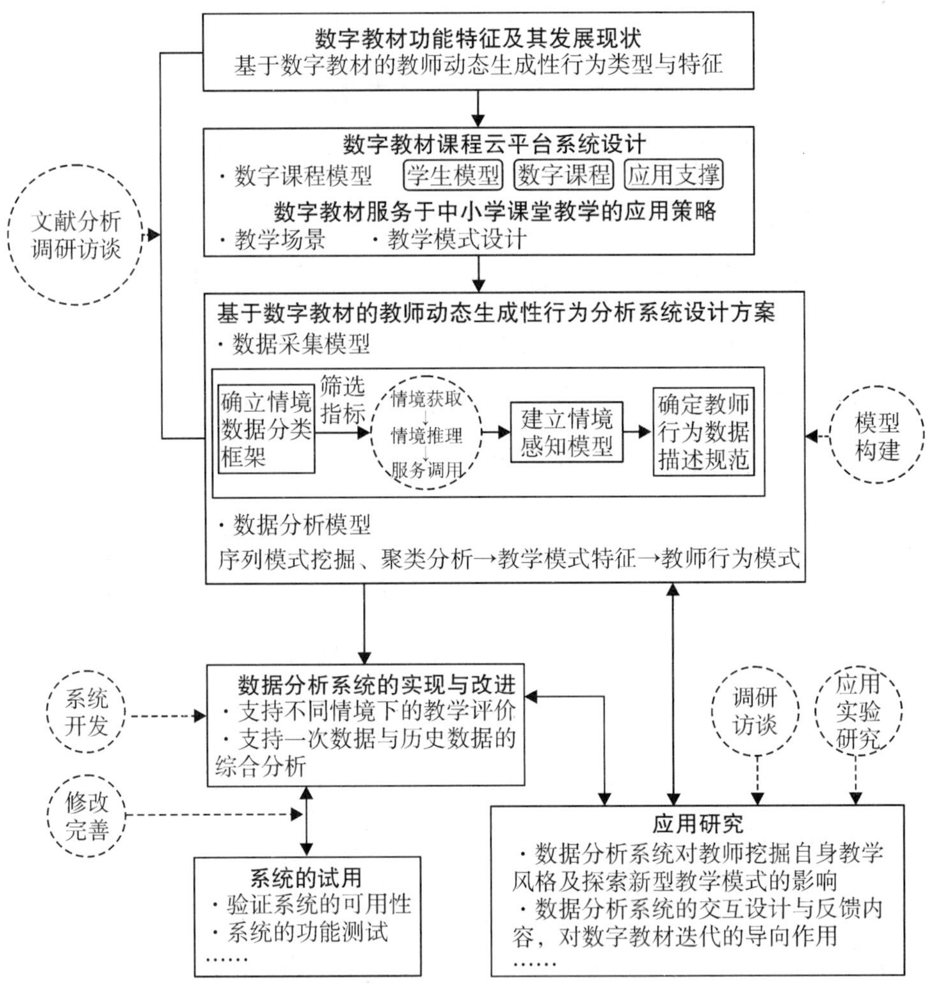

图 1-1　研究思路

如图 1-1 所示，本研究首先在理论研究和实际调研的基础上提出数字教材课程云平台系统设计，并在实践中提炼数字教材服务于中小学课堂教学的应用策略。其次，在借鉴国内外基于数字教材的学习行为分析、数据采集与应用研究成果的基础上，关注信息技术带来的传统教学媒介资源的变化，研究基于数字教材的教师行为特点和内在特征，从直接情境和间接情境分别提炼数字教材应用情境数据分类框架并筛选指标，结合情境感知中的情境获取、情境推理与服务调用三个过程建立情境感知模型。再次，确定遵循 xAPI 的教师动态生成性行为数据描述规范，建立数据采集模型，依托项目团队研发支持教师行为分析的数字教材课程云平台，采集教师动态生成性行为数据，对数据进行解释，继而开展数据分析，采用频繁序列模式挖掘算法和聚类分析算法，挖掘隐性知识，从深层次了解教师的教学模式特征，分析得出教师行为模式特点。最后，在应用方面，通过数据分析，了解数字教材课堂教学的开展情况，促进教师提高教学的有效性。

本研究综合采用多种研究方法，主要研究方法如下：

①系统开发法。研究利用系统开发法，设计用于采集和分析基于数字教材的教师动态生成性行为数据的系统，证明数据采集模型的有效性，并反复测试和完善，从而作进一步开发和推广。

②案例研究法。实践案例记录教师实施教学的真实轨迹，通过案例研究可以了解现象背后的本质是否符合教师发展的客观规律。研究基于一线课堂教学案例，对基于数字教材的教师动态生成性行为数据进行系统归类，为后续的行为数据采集与分析提供基础性的数据集合，也为基于数字教材的教学应用策略的提出提供实践基础。

③质性研究法。质性研究是指采用多种资料收集方法对社会现象进行整体性探究，且使用归纳法分析资料和形成理论，通过与研究对象互动对其行为和意义建构得出解释性理解的一种活动。在本研究中，质性研究法贯穿于研究始终，尤其体现在数字教材系统的

设计、基于数字教材的教学应用策略等方面，是通过接受来自专家、一线教师的反馈完善设计，从而促进课程云平台功能满足教师开展信息化教学实践及教师自身发展的需要的实证研究方法。

④模型构建法。模型构建法为了方便地研究实际问题和探讨现实事物本身而对研究对象作简化描述，是以观察和实验为基础，采用理想化的办法所创造的，能再现事物本质和内在特性的一种简化模型。本研究中，我们对数字教材的功能特征进行分析，对学习者与数字教材的交互行为进行分类，通过逻辑上的推理、解释构建出基于数字教材的教师动态生成性行为数据的采集与分析模型框架。

四、主要观点和创新之处

1. 主要观点

(1) 从智能服务层面展开数字教材课程云平台系统设计。

依据提高用户体验、资源内容可操控、教材内容与信息技术的深度融合的标准，立足个性化教与学服务和智慧教学，打造数字教材课程云平台。该平台系统的设计聚焦为课堂提供智能服务，设计的核心在于数字教材课程模型的构建，包含学生模型、数字课程和应用支撑三个方面。学生模型主要指根据学生的学习风格和行为等关键信息建立学习和智能模型；数字课程重在数字教材，主要由电子教材、素材资源、拓展资源、练习题、学习档案、在线学习活动六部分组成，除此之外还包括优秀的教学课例、考查学生知识技能的测试题库以及用于拓展的教辅材料；应用支撑即教师借助课程云平台，在数字教材支持下开展创新性实践，发挥资源平台优势，促进学生的自主学习、长远发展，以及教师自身的专业发展。

（2）从多维度多场景构思教学应用实践的策略。

数字教材延伸了纸质教材内容，拓展了立体化资源，具备教学、评价和管理功能，其丰富的资源和功能可以渗透到教学的各个环节中，并且和云平台整合应用。因此，需要充分发挥数字教材优势，在不同软硬件支持的环境下开展适宜的教学实践。研究从多维度、多场景构思教学应用实践的策略，在面向智慧环境的云服务、云互动、云协同三类课堂教学场景下，相应地设计基于数字教材的教学模式并展开实际教学活动，如技术支持下的高效互动课堂应用模式、"一对一"个性化学习应用模式等，旨在探索数字教材规模化、常态化的应用路径，为进一步的课堂教学行为分析提供数据基础，也为日后更加深入的信息化教学创新提供实践依据。

2. 创新之处

数字教材不仅可以收集教师动态生成性行为数据，还可以生成相应的可视化图表，内容包括学习进度数据、教师与学生的交互数据、师生与学习环境的交互数据、教师和学生操作数字教材产生的数据等。如此一来，平台便可借助相关技术，将收集到的动态生成性行为数据进行建模，精准描述教师行为，确立教师行为等级，制定辅导措施，建立教师个性化发展机制，以帮助教师参与学生的学习进程，让数字教材更好地发挥个性化学习管理服务作用。根据已有的行为数据采集与分析方法、技术实施方法，本研究具备可支持的方法工具，其创新之处体现在理论建树与实践应用方面。

（1）以质性研究完善行为科学的理论建构。

通过质性分析，本研究从理论上构建了基于数字教材的教师动态生成性行为数据采集与分析模型，明确地说明了数据采集的标准和规范及采集原则，这不仅为数字教材的迭代更新指明了一定方向，也丰富了基于行为科学理论的教育大数据采集与分析模型的相关研究。

（2）从采集数据的指向来看，试解决教师专业发展的现实问题。

以往诸多研究将数据采集的关注点落在学生上，缺乏对课堂教学中起主导作用的教师角色行为的关注。本研究将采集数据方向主要定位在教师角色，关注教师利用数字化资源开展教学活动的行为与特征，具有一定的前瞻性。

（3）通过理论分析和应用实践，构建教师动态生成性行为数据采集模型。

数据的采集过程是一种情境感知过程，可用认知心理学的模型进行描述，需在深入一线开展广泛调研的基础上，与具有丰富的应用经验的教师进行访谈，对采集到的海量行为数据进行有效利用。应用过程中隐性的、稍纵即逝的动态生成性行为数据，与应用情境有紧密的联系，为此本研究提出一种动态和开放的数据采集方法，以更好地解决行为数据的复杂性问题。

第二章　国内外研究现状

本研究的目标是数字教材的原型设计、应用策略和教师动态生成性行为数据的采集模型，并开展行为模式挖掘研究。研究重点涉及数字教材的开发与应用，教师动态生成性行为数据的采集模型、采集方法与行为描述和分析。为充分了解所研究问题的内涵和外延，围绕上述研究要点，将从数字教材的定义和发展历程、数字教材的应用情况、教育大数据与学习分析发展脉络三方面进行综述。

一、数字教材的定义和发展历程

1. 数字教材的定义

早期研究对数字教材并没有统一的定义，不同研究者对数字教材的理解各不相同，同时，存在一些与数字教材相近或相关的概念，比如电子书、电子书包、电子课本、电子教材等，如表 2-1 所示。[①]数字教材与其中一些概念既有相同或相近的内涵，也有不同的指向范围。

---

① 成诗敏，曹旺. 数字教材研究综述［C］//张际平. 计算机与教育：实践、创新、未来. 全国计算机辅助教育学会第十六届学术年会论文集. 北京：新华出版社，2014：180-186.

表 2-1 数字教材的相关概念

电子书	电子书包	电子课本	电子教材	数字教材
是数字化的、电子化的书，具有传统书的特征，需借助一些软件、硬件进行阅读	包括教材内容、阅读软件和电子阅读终端。数字教材是电子书包中的教材内容	是一种特殊的电子书，是传统教科书与电子书技术融合的产物	比电子课本范围更广，不仅包括课本，还包括上课所需要的其他辅助资料，与数字教材一样	与电子课本、电子教材指代相同

电子书最初指通过电脑屏幕或移动设备获取的数字化文本，随着技术的发展成为存储内容和浏览信息的阅读器载体，主要是面向大众的一般性阅读，其本身的教学意义并不明显，与数字教材有着较大的差别。电子书包的概念包含硬件终端与学习服务平台两部分，电子课本则仅仅指电子书包的内容（资源），这两个概念与数字教材概念的内涵并不一致。从宽泛的角度来看，数字教材与电子书包都是包含内容（资源）、设施、工具及服务平台的学习系统，但从具体的形式和内涵上来看，数字教材的内容并不仅仅指电子课本，“教材”比“课本”要更广泛，包括课本、教辅等不同的形式；数字教材的设施主要指数字教材阅读器，不包括硬件终端；数字教材的工具主要指基本的阅读工具和学习工具，不完全是虚拟学具；数字教材本身具备一定的学习服务功能，但平台是数字教材的外部环境，并不包含在数字教材的概念里。

综上所述，电子书、电子书包、电子课本与数字教材有着不同的内涵和外延，是不同的概念。随着信息技术的发展，数字教材的概念也随之变化。关于数字教材的概念，研究者从起源、功能特性、实现技术等不同维度展开了剖析，基本包含以下几种界定方式：

①出版物：这是目前较为普遍的一种界定方式，赞同该界定方式的研究者大多认为数字教材源于电子书，并加入了教学属性。

②媒体资源：研究者认为数字教材在纸质教材内容的基础上，加入了图片、音频、视频、动画等多媒体形式的教育资源。

③教育系统：这种界定方式迎合数字时代特点，研究者认为数字教材将产品、平台、服务、终端等模块进行整合，以系统形式促进数字化学习。[①]

本研究认为数字教材指的是在数字化环境下将多媒体技术与传统纸质教材相结合，且利用移动终端呈现的教学目标明确化、教学内容富媒体化、教学策略多样化、评价多元化的数字教学资源。它是教育信息化环境下师生教学活动的基础，是课程标准具体化和教科书数字化的集合体，是一种特殊的电子书和教学媒介。此外，本研究中的数字教材依托课程云平台的智慧学习环境，具有以下优势：

（1）集合国家级基础教育权威资源。

数字教材集合了人民教育出版社等60多家出版社所积淀的各种基础教育的优秀资源。人民教育出版社、北京师范大学出版社、外语教学与研究出版社、江苏凤凰出版集团等60余家国家及地方教材出版社逐渐达成共识，建立了数字教材规模化应用发展的共同体，共同搭建了数字教材课程云平台，为全国不同地区、不同类型的学校提供“基础性+个性化”的优质教育资源和教育服务。它是各出版社的教科书、辅导书、词典、语法书、听力训练等各方面教学资源的集合体。

---

① 钟岑岑. 国内数字教材研究现状文献综述［J］. 数字教育，2016，2（5）：12-18.

（2）满足跨平台和多终端的应用环境。

数字教材包括 Windows、Android 版本，能满足跨平台和多终端的应用环境。

（3）集成云端课堂系统，构建云端学习环境。

数字教材与“云+端”智慧课堂结合，实现数字化互动教材、信息化交互式授课、网络与电子化作业测评、即时性综合评价等全新教学手段。以数字化电子书包或 PC 为载体，全面实现听、说、读、写、练、测等学习功能，提供按需访问云平台服务，构建个性化云端学习环境。为课堂教学应用的交互等学习活动提供支撑，教师借助云平台能够使用交互备课、屏幕共享、控制管理和监管学生课外学习等教学管理功能，实现从课内学习到课外学习的自然延伸。

2. 数字教材的发展历程

近年来，在以人民教育出版社为首的各出版企业的共同努力下，数字教材研发及应用逐渐成熟，数字教材是破解教育改革和信息化应用融合“最后一公里”问题的关键钥匙之一。2019 年 12 月，教育部印发了《中小学教材管理办法》，首次将数字教材的管理纳入国家文件中。作为教学资源的新形态，数字教材的研究、发展与应用已逐渐为人们所认识与接受，已成为当前研究热点领域之一。关于我国数字教材的发展历程，主要包括三个阶段。[①]

第一阶段：重在纸质教材的数字化呈现。2001 年起，人民教育出版社就开始承担全国教育科学“十五”规划重点课题“手持式电

① 沙沙，余宏亮. 我国中小学数字教材的发展历程与技术演进［J］. 中小学数字化教学，2019，24（12）：5-8.

子教科书在教学中的应用研究”，并于2002年完成手持式“人教电子教材”的研发工作。在2012年后手持式“人教电子教材”被人民教育出版社定义为第一代“人教数字教材”，它在一定意义上是纸质教材数字版与教学资源库的整合，能够实现与纸质教材的所有内容相匹配。

第二阶段：强调资源多媒性。第二代“人教数字教材”包含大量与教科书内容配套的多媒体教学资源，包括文本、图片、音频、视频、交互式课件、交互习题六大类。在内容结构上是较为典型的多媒体型数字教材，它以纸质教材为设计蓝本，保留纸质教材的全部内容和编排次序，但更加注重形象化、动态化、交互性，通过改变教材内容原有的呈现方式，创设虚拟探究环境，降低学生的理解难度，激发学生的学习兴趣。在之后的几年时间里，很多出版机构陆续发布了中小学数字教材产品。这一阶段，以第二代“人教数字教材”为代表的多媒体数字教材在设计研发模式上相对成熟。

第三阶段：逐渐融合大数据、VR、人工智能等前沿技术。第三代“人教数字教材”定位于落实国家教育战略，旨在立德树人、促进教育公平、引领教育发展和教学变革。它融教材、数字资源、学科工具、应用数据于一体，既是信息化教学环境中的基础资源和基本参考，又能实现各种扩展服务与个性化资源链接。

本研究的成果为第四代数字教材，第四代数字教材整合了各版本、各阶段的数字教材，并支持课程的开发与共享，具备多媒体教材优势，但更加强调学习资源的生成与互动，并嵌入了数据采集接口，能够实现即时采集师生使用数字教材过程中的行为记录，形成数字教材应用大数据。这种大数据与数字教材的融合，不仅能够形成教材研发、应用、完善、相互促进的闭环，还可以实现教学过程的分析与评价，促进教学模式变革。我国中小学数字教材的发展历程如图 2-1 所示。

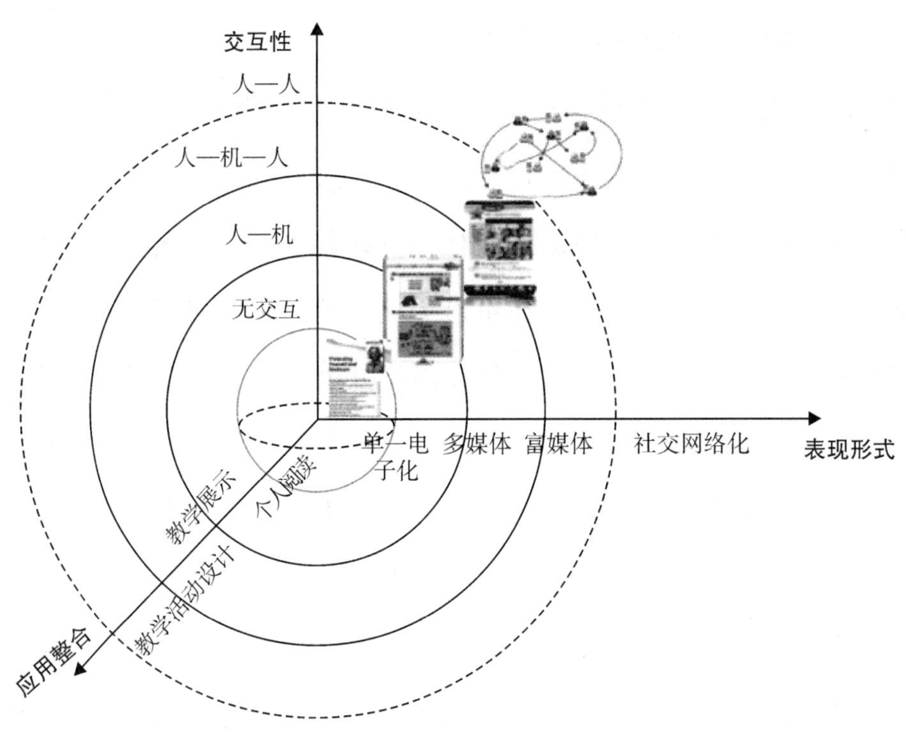

图 2-1　我国中小学数字教材的发展历程

此外，数字教材在不同的发展阶段中，也表现出不同的特征，如表 2-2 所示，主要体现在核心、资源呈现、学习互动、满足个性化学习需求及效果、学习活动、技术支持等方面。[①]

① 孙众，骆力明. 数字教材关键要素的定位与实现［J］. 开放教育研究，2013，19（4）：60-67.

表 2-2 数字教材发展阶段的特征对比

类型	阶段一：资源数字化	阶段二：工具通用化	阶段三：教材平台化
核心	纸质教材的多媒体版	提供各学科通用工具，实现即时测评	成为个人数字化学习空间
资源呈现	纸质转为电子（PDF）	添加少量扩展资源	资源极大丰富
学习互动	没有互动	人机互动	人—机—人之间的互动
满足个性化学习需求及效果	不能满足。按照教材，统一学习步调	部分满足。如果该电子书中有少量扩展资源，学生可自选阅读，并可利用工具进行个性化的笔记、批注、测试	可以满足。资源库有大量资源，能否真正支持个性化学习，要看资源的推送机制
学习活动	与纸质教材相同	多为支持阅读、测试等功能的各学科通用的课堂学习活动，且活动形式较单一	有投票、讨论、小组活动等，活动形式较为丰富
技术支持	多为感官刺激，与传统课堂相同	部分	较多

二、数字教材的应用情况

数字教材出现以后，相关的研究、开发与应用就如浪潮般席卷了全球。在国外，美国、韩国、马来西亚等国家已经开展了一系列与数字教材有关的开发与应用研究。韩国政府在智慧教育计划框架下，已在 2015 年开始废除纸质教材。美国的数字教材建设以构建数字学习环境，用数字教材代替传统教材为目的，其高校于 2017 年底实现在课堂日常教学中全面推行使用数字教材。[1] 2007 年，韩国颁布了《数字教科书普及推进计划》《数字教科书商业化推广计划》。[2] 马来西亚通过 IBatisNet，将数字教材上传到该平台。[3] 综上可知，数字教材既是教师为学生示范、辅导和安排学习任务的中介平台，也是直接为学生提供实时反馈的工具，支持学生进行自主学习和参与社会化学习实践。[4]

国内中小学数字教材开发单位较多，涉及教材出版社、数字公司、教研机构等，相比传统纸质教材，数字教材作为数字化教学资源，有着更强的传播性、互动性和操作性。当然，数字教材的发展不仅在技术上拓展了功能、在理论上拔高了纬度，也在应用实例上得到丰富。广东[5]、上海、天津[6]、宁夏[7]等地推广并应用数字教材。其中，上海市教育委员会于 2014 年牵头启动了“上海市中小学数字教材实验”，天津市于 2015 年启动了以人教数字教材为核心资源的“人人通”系统，广东省于 2018 年启动了“广东省义务教育阶段国家课程数字教材全省覆盖应用工程”。

显然，数字教材的应用为教师探索新型教学模式提供了强大支持，而使用数字教材开展教学活动也获得了师生的认可。[8] 顾圣元认

① SETDA. Navigating the digital shift 2018: broadening student learning opportunities [EB/OL]. https://files.eric.ed.gov/fulltext/ED594415.pdf; California open source textbook project [EB/OL]. [2020-03-20]. https://en.wikipedia.org/wiki/California_Open_Source_Textbook_Project.

② LEW H-C. Developing smart math textbook in Korea [J]. Afrika matematika, 2020, 31 (2): 143-153.

③ HAMEDI M A, EZALEILA S M. Digital textbook program in Malaysia: lessons from South Korea [J]. Publishing research quarterly, 2015, 31 (4): 244-257.

④ 徐丽芳，邹青. 国外中小学数字教材发展与研究综述 [J]. 出版科学，2020，28 (5)：31-43.

⑤ 彭雪庄. 教育信息化 2.0 时代优质数字教育资源普及模式探究：以广东省数字教材规模化应用调研为例 [J]. 中国电化教育，2018 (9)：138-146.

⑥ 徐德明. 天津市小学语文人教数字教材应用研究启动会召开 [J]. 天津教育，2019 (4)：34.

⑦ 赵永涛. 打通教育信息化应用融合“最后一公里”：宁夏全面推进中小学数字教材应用工作纪实 [J]. 宁夏教育，2020 (11)：11-13.

⑧ 袁华莉，王珺燕，李如意. 我国中小学数字教材应用现状调研及建议 [J]. 中小学数字化教学，2020 (7)：13-17.

为数字教材不仅是一种工具支架，还提供了师生、生生互动的平台，数字教材的应用创新了中学物理学科的课堂教学样态，让学生有更多的机会进行探究性学习。[①] 陈小琼认为数字教材的出现，就是为了让学生自主学习，让学生成为课堂的主体。[②] 方艳等人认为教师对数字教材的应用集中于任务引导、反馈评价等内容。[③]

经调研发现，目前数字教材在开发和应用阶段多数关注对内容形式的强化、对元素的丰富、对技术的优化，而有关数字教材的研究数据大多关注数字教材对学生的适用性。数字教材在应用过程中，更多地关注学生的需要和表现，对教师动态生成性行为数据的关注度不够，难以提升教师设计教学活动的能力以及研判数字教材的能力，也不利于提高教师适应新课程改革、实现信息技术与课程深度融合的能力。因此，尽管数字教材为收集教师动态生成性行为数据提供了可能，但目前相关研究相对较少。还需思考如何采用有效的信息采集手段，记录并分析教师与数字教材交互中产生的动态生成性行为数据。

三、教育大数据与学习分析发展脉络

大数据是社会发展的必然产物，将其应用于教育领域具有一定

---

① 顾圣元. 基于数字教材的初中物理实验支架式教学设计与分析［J］. 中小学数字化教学，2021（2）：21-24.

② 陈小琼. 小学数学基于数字教材的探究教学模式研究［C］//广东省教师继续教育学会. 广东省教师继续教育学会第二届教学研讨会论文集（一），2020：22-26.

③ 方艳，沈一峰，王伟松. 教师如何使用数字教材：基于 20 篇初中语文教案的质性分析［J］. 中小学数字化教学，2020（6）：28-31.

的开创性。教育大数据的价值主要包括表征价值、关联价值和决策价值。[①] 其结构模型从内到外共有四层：最内层是基础层，主要存储国家基础教育数据；往外是状态层，包括教育装备、环境等状态或运行信息；再往外是资源层，主要指各种形态的教学资源；最外围是行为层，主要指师生、教育管理者等的行为信息数据。[②] 如果说教育领域是火车，那么教育大数据则是燃料，为火车提供动力，即教育大数据源源不断地为教育领域提供应用和服务，而其中的关键则是行为层数据。为了挖掘隐藏的信息价值，合理、科学地进行教学决策，同时助力教育信息化进程，诸多学者展开了研究和实践，具体内容包括数据画像、精准教学、数据可视化等方面[③]，但主要聚焦在数据挖掘和学习分析两大方向，即研究的本质没有变化，始终都在强调数据的重要性。

学习分析是以数据为基础、以技术为核心的新兴研究领域。目前关于学习分析的研究内容主要集中在四个方面[④]：一是学习分析模型与方法，模型主要体现在教学质量、学习成效或学习满意度等的预测上，方法主要体现在数据驱动上；二是学习分析技术与工具，主要包括话语分析[⑤]、可视化分析[⑥]和视觉追踪；三是实践与应用，

---

① 刘桐，沈书生. 从表征到决策：教育大数据的价值透视［J］. 电化教育研究，2018，39（6）：54-60.

② 杨现民，唐斯斯，李冀红. 发展教育大数据：内涵、价值和挑战［J］. 现代远程教育研究，2016（1）：50-61.

③ 方海光. 教育大数据的本质和发展趋势［J］. 中小学信息技术教育，2021（9）：1.

④ 李香勇，左明章，王志锋. 学习分析的研究现状与未来展望：2016 年学习分析和知识国际会议述评［J］. 开放教育研究，2017，23（1）：46-55；郭炯，郑晓俊. 基于大数据的学习分析研究综述［J］. 中国电化教育，2017（1）：121-130.

⑤ 魏顺平. 学习分析技术：挖掘大数据时代下教育数据的价值［J］. 现代教育技术，2013，23（2）：5-11.

⑥ 胡立如，陈高伟. 可视化学习分析：审视可视化技术的作用和价值［J］. 开放教育研究，2020，26（2）：63-74.

研究者立足点不同，则实践内容不一，但基本围绕教师、学生、教学系统、课堂学习活动等角度，且更多地将视角放在了对在线学习者的学习分析上；四是伦理与道德，主要研究学习分析过程中数据的伦理与道德问题。

纵观学习分析的相关研究，可以将其划分为三个周期，分别是概念化知识探讨的初始周期、小规模探索的设计周期、大规模实践的严谨性周期。[①] 然而，当前学习分析仍以小规模探索为主，且侧重于微观研究，通常针对具体的对象或活动、平台或系统，研究成果难以实现迁移和辐射。因此，还需继续重视数据建模与挖掘技术的应用，进行规模化的实践与评估反馈，充分发挥学习分析优势，帮助教育教学管理者作出决策。

显然，学习分析的发展离不开数据挖掘、情境感知计算、人工智能等技术的革新与发展。由于教与学用户的数据相对复杂，为了更好地处理情绪认知和注意力等状态数据、提问和演示等行为数据、生理数据，以及更好地获取关键信息，并提供动态化、个性化的智能服务，情境感知技术成了重要的研究内容。解构智慧课堂生态系统、智能感知和融合计算教学情境，有助于挖掘复杂情境下学习行为发生的内在机理，探析深层次的教育规律，构建基于情境感知的智能教育服务模式。情境感知重在获取情境数据、建立模型以及对数据进行分析和处理。[②] 就具体的教学情境感知因素来看，研究者根据不同的需求，有不同的观点。例如，黄志芳等人将情境感知分为显式情境感知、蕴含情境感知（包括用户特征、兴趣偏好和知识水

① 汪维富，毛美娟. 超越工具理性：促进学习分析研究成熟的发展进路［J］. 现代教育技术，2021，31（12）：35-41.

② 李伟平，王武生，莫同，等. 情境计算研究综述［J］. 计算机研究与发展，2015，52（2）：542-552.

平等信息）、网络情境感知和应用情境感知。[①] 王冬青等人采用用户、任务、位置、时间、设备、基础设施六类信息表示智慧教学情境，并以此建立智慧教学数据采集模型，再借助 xAPI 规范与 Caliper 框架解决教学情境多源、异构数据采集问题。[②] 杜静等人聚焦适应性学习，将情境感知要素划分为用户、社会情境、任务、时空、基础设施和物理环境六大维度。[③] 综上研究，我们可以发现已有的教学情境感知数据划分方式都体现了环境和人的因素，即既包括物理环境信息（设备环境、位置和时间等），也包括人与人之间的互动交流等行为信息。通过采集课堂场景中多维度的数据和挖掘关键信息，建模分析面向教师的多层次和全方位的数据，能够在极大程度上促进教师专业发展，提高课堂教学质量，推进构筑智慧教学生态，同时有效促进教育信息化进程。

如今，数字教材等优质教学资源的均衡发展和个性化服务已成为变革智能教育服务模式、破解教育公平问题的重要推力。而从数字教材的应用发展趋势来看，大数据和学习分析、人工智能技术将是推动智能教育场域中数字教材广泛应用和个性化服务的核心要素。因此，综合上述分析，在数字教材课程云平台的支持下，开展课堂教师动态生成性行为数据的采集和教师行为模式研究显得尤为重要。

---

① 黄志芳，赵呈领，黄祥玉，等. 基于情境感知的适应性学习路径推荐研究［J］. 电化教育研究，2015，36（5）：77-84.

② 王冬青，韩后，邱美玲，等. 基于情境感知的智慧课堂动态生成性数据采集方法与模型［J］. 电化教育研究，2018，39（5）：26-32.

③ 杜静，高博俊，周伟，等. 国外适应性学习支持系统中情境感知模型对比研究［J］. 电化教育研究，2020，41（8）：58-66，81.

第三章　数字教材课程云平台的原型设计与实现

随着我国教材建设的现代化发展和教育信息化的快速发展，中小学数字教材作为目前教材发展的新形态和新方向备受关注。以往的中小学数字教材因版权归属问题，大多数由教材出版社来主导研发，早期主要表现为纸质教科书的简单数字化，近年来则以多媒体数字教材、富媒体数字教材为主要形式，并朝着数据化数字教材、平台化数字教材的趋势发展。①

尽管我国的中小学数字教材已经发展了 20 年，但从实践层面看，数字教材尚未对基础教育的信息化发展产生显著的推进作用，数字教材的大范围、持续性应用也还有待进一步探索和推广。本章从数字教材的教材特性和基础教育信息化应用需求的双重视角对数字教材的设计方案提出一种优化建议，即融合应用思路，对当前主流数字教材设计中的问题作一些剖析。让数字教材在教学应用中发挥其核心价值，同时结合其他延伸的数字资源与工具来实现教学过程和效果的多样性。

---

① 沙沙，余宏亮. 我国中小学数字教材的发展历程与技术演进［J］. 中小学数字化教学，2019（12）：5-8.

一、设计依据

1. 信息技术的教育应用理念发展及对数字化课程资源的需求变化

数字教材的应用效果，与基础教育的信息化应用逻辑密切相关。在中小学课堂中，信息技术与课程教学之间的结合方式经历了计算机辅助教学、信息技术与课程整合、信息技术与教育教学深度融合三个阶段。[①] 不同阶段的技术应用逻辑差别较大，对数字化课程资源的内容和功能需求也截然不同。

（1）计算机辅助教学阶段。

计算机辅助教学是信息技术刚刚引入基础教育时的一种应用理念。这种理念起源于 20 世纪 60 年代初期，并在 70 年代末引入我国。[②] 计算机辅助教学对应的英文是 Computer Assisted Instruction（CAI），assist 这个词的词源本义是“临近站立”，引申为“帮助、辅助”。从词义中就可以看出，这种理念下的信息技术处于辅助地位，而课程、教学主体框架和流程都是相对稳固的，并不会因信息技术的加入而产生明显变化。

计算机辅助教学不仅作为一种主流的技术应用理念存在了近半个世纪，至今依然对实践产生着深刻的影响。我们在各种信息化教学案例中经常会见到教师通过多媒体课件或交互性工具对课堂教学内容进行辅助性展示或补充完善的情形。甚至可以说，计算机辅助

① 沙沙，代毅，赵子莹. 融合应用理念下的中小学数字教材设计策略［J］. 中小学数字化教学，2021（2）：25-29.

② 杨惠中. 计算机辅助教学概述［J］. 外语电化教学，1979（1）：30-32.

教学至今仍是我国基础教育领域信息技术应用的最主要方式之一。计算机辅助教学理念一般要求数字资源与课程或教材内容配套，要求基于课程标准或教材进行设计和开发，强调资源的专业性、精致性、适配性，以求达到最佳的辅助应用效果。

（2）信息技术与课程整合阶段。

在21世纪初，教育技术专业领域提出了信息技术与课程整合的新理念，并希望运用信息技术在内容呈现、人机交互、网络互联等方面的优势改变传统的课程教学结构。[①] 这与“帮助、辅助”逻辑下的CAI理念有本质的差异。信息技术与课程整合理念解决了基础教育中信息技术与学科课程之间存在的割裂等问题，通过信息技术与课程的互动性双向整合，达到更好的技术应用效果。[②]

信息技术与课程整合的关键是双向适应。如果与CAI理念对比，在CAI模式中，教学活动本身自成体系，有技术辅助固然好，没有技术辅助教学活动也能开展；而信息技术与课程整合方式则要求转变传统的课程内容与教学策略，以形成更适合信息化教学环境的学习内容组织形态和教学模式。

信息技术与课程整合理念对数字化课程资源的要求明显提升。一部分数字内容资源要从辅助性资源转变为课程或教学内容的主要形态，要能够达到传统课程教学中教材内容的水平。同时，相当一部分的数字化课程资源还要能支持信息技术环境下的新型课程实施策略或教学模式，比如支持数字化探究、在线研讨、虚拟课堂等。

（3）信息技术与教育教学深度融合阶段。

2012年，教育部发布了《教育信息化十年发展规划（2011—

① 李谨. 纵论信息技术与课程整合：何克抗教授专访［J］. 中小学信息技术教育，2002（9）：4-10.

② 黄甫全. 试论信息技术与课程整合的实质及基本原理［J］. 教育研究，2002，23（10）：36-41.

2020年）》，其中首次提出了“信息技术与教育教学深度融合”[①]。信息技术与教育教学的深度融合是信息技术与课程整合理念的进一步探索。对比信息技术与课程整合，深度融合理念更强调将信息技术应用到教育教学的全流程中，实现深层次的教育系统结构性变革。[②] 这种深层次变革具体“深”到何种地步目前尚未有定论，但深度融合理念要求传统教育教学中的每个环节都向着与信息技术结合的方向转变是无疑的，同样要求信息技术与教育之间的双向融合。[③]

在信息技术与教育教学深度融合理念下，数字化课程资源的丰富性和功能性要求变得更高。《教育信息化2.0指导纲要》提出了深度融合理念下的资源转变方式：首先是从专业生成的内容资源（PGC）向教师和学生在教学活动中的生成性内容资源（UGC）转变，更进一步则是从教育专业领域的资源向大资源转变。但无论数字化课程资源变得如何多样、复杂，承载国家意志、落实国家教育根本任务和系统反映课程标准要求依然是必要的。中小学数字教材就是代表性的核心数字化课程资源。

2. 数字教材现有设计与应用之间的矛盾

目前，国内的数字教材大多以纸质教科书为蓝本进行设计和开发。多数数字教材选择了以纸质教科书的电子版作为数字教材的主体，在此基础上配以各类多媒体、交互型内容资源以及数字教学工具的设计方案。但这种设计方式与实际教学应用之间存在一些内在

---

① 规划编制专家组.《教育信息化十年发展规划（2011—2020年）》解读［M］. 北京：人民教育出版社，2012：78-80.

② 何克抗. 学习“教育信息化十年发展规划”：对“信息技术与教育深度融合”的解读［J］. 中国电化教育，2012（12）：19-23.

③ 规划编制专家组.《教育信息化十年发展规划（2011—2020年）》解读［M］. 北京：人民教育出版社，2012：78-80.

的固有矛盾，需要在深入研究数字教材内容文本的基础上来解析并提出对策。

（1）数字教材的核心价值与多样化需求的矛盾。

中小学数字教材作为中小学教材体系中的新形态，承担着在信息化教学环境中落实国家教育的根本任务，系统反映课程标准要求的核心作用。一方面，有学者认为数字教材所承载的，更多是国家层面的教育教学共性要求。[①] 另一方面，我国的教育信息化2.0发展阶段也强调通过信息化手段实现个性化教与学，满足教师和学生的个性化教与学的需要。数字教材体现的共性要求与教育信息化提出的满足个性化需求之间存在着矛盾。

通过一系列的实践调研与案例收集，我们发现数字教材在立足于教材本质属性时，是较难满足个性化学习需求的。举例来说，数字教材的内容一般需要有一定的严谨性，数字教材也是信息化环境下中学生获取权威课程信息的主要来源。而在实际教学中，教师和学生往往从个人或地域角度提出学习需求，这些需求可能只适合少数人或某一特定地区的师生，与严谨、权威的要求有较大距离，却很“接地气”。这类个性化需求在实践中数量繁多、要求各异。对数字教材而言这些个性化需求不符合教材编制的原则，在教材的编制实践上也难以用几套数字教材同时满足数以亿计的中小学师生全部的个性化需求。

要解决这个矛盾，就需要建立融合应用的数字教材设计和使用思路，在设计上重点确保数字教材的核心价值，特别是数字教材内容的政治性、科学性、严谨性。而针对个性化教与学需求，则可以

① 王志刚，沙沙. 中小学数字教材：基础教育现代化的核心资源［J］. 课程·教材·教法，2019，39（7）：14-20.

在数字教材的基础上，通过更多其他形式的数字资源来满足师生需求。将数字教材与其他数字资源融合应用，既可体现数字教材的核心育人价值，又能满足个性化需求，是当前最为恰当的数字教材应用思路。

（2）数字教材的文本结构与应用理念的矛盾。

当前，以纸质教材为蓝本，或以纸质教材的数字版内容作为主体的数字教材，在文本结构上与信息化环境下的教学应用之间存在矛盾。传统意义上的中小学教材（纸质教材）在教学中是一种课程载体，教材内容包括两个层面的信息：第一层是教学活动中教师应该教的和学生应该学的内容，第二层是教学实施建议方案（或步骤）。对纸质教材来说，第一层信息和第二层信息之间是匹配的——第一层信息中有什么样的知识点，第二层信息就会安排适合这个知识点的教学方案（或步骤）。一般情况下，我国的中小学课堂由教师主导，教师使用教材时会参照教材中的两层信息完成自己的教学设计，其中第一层信息往往是国家课程标准中规定的知识点，教师的调整空间取决于教学时的学生对知识点的预期掌握程度；而第二层信息则相对灵活，如果教师认为自己有更好的教学实施方案，就可以对教材中的原有方案进行局部调整。但一般来说，出于工作效率原因，绝大多数教师在常规教学中都会高度依赖教材中给出的第二层信息。应该说，教学指导和参考作用也是中小学教材的主要实践价值之一。[①]

当数字教材以纸质教材为蓝本进行设计时，纸质教材中的两层信息就都会被保存下来。数字教材的设计开发者会以纸质教材内容

---

① 孙智昌．教科书的本质：教学活动文本［J］．课程·教材·教法，2013，33（10）：16-21，28.

为基础，再额外配套其他数字化资源来构成数字教材的全部内容。但在这种情况下，必然会出现数字教材中的新增内容与纸质教材中的第二层信息（即教学实施建议方案或步骤）之间失调的情况。这是因为纸质教材中原有的教学实施建议方案或步骤信息主要针对的是非信息化教学环境。

由于采用上述设计方式研发的数字教材，内含的教学策略和教学模式并非针对信息化教学环境来设计的，因此这类数字教材的唯一合理应用方式就是 CAI 模式。因为 CAI 模式不需要改变传统的教学策略和教学模式，只需要补充辅助性数字化课程资源即可。但我们已分析过，教育信息化阶段更提倡信息技术与课程整合、信息技术与教育教学深度融合的技术应用理念。采用整合或融合的应用理念时，纸质教材中的教学策略和模式就不适用了。如果数字教材中没有给出另外的教学策略或模式，那就必须由任课教师在备课时重构教学策略，形成新的教学方案。这样势必会给教师带来巨大的备课工作量，也会使得数字教材的教学指导、参考作用大幅减小，甚至会失去其作为教材的实践价值。

数字教材融合应用思路的采用可以部分地解决数字教材文本结构和信息技术应用理念之间的矛盾。在融合应用思路下，数字教材主要支持 CAI 模式的应用。CAI 模式对教师、学生的信息化教与学能力要求较低，具有更广泛的适用性，也更容易实现信息化环境和非信息化环境下的教学活动衔接，在此基础上，可以为数字教材延伸设计出配套资源。数字教材的配套资源可以包含信息技术与课程整合或与教育教学深度融合理念下所需的新教学策略、教学模式，再结合数字教材本身的系统性与核心育人功能，就可以支持更先进的教育信息化应用理念了。

（3）数字教材技术应用与教材管理之间的矛盾。

中小学数字教材作为中小学教材体系的组成部分，是需要纳入中小学教材管理体系的。但在许多数字教材案例中，我们都不难发现数字教材中包含的各种交互内容、学习工具都不能按照中小学教材的一般审核方式进行内容审查。目前，可用于数字教材的技术手段有很多，并且会随着计算机、通信技术的发展不断增加。但在现有技术中，能够较好地支持数字教材内容审核、审查的技术十分有限。

社会的信息化进步与教育现代化发展，都要求课程资源能够与时俱进。但现实中，数字教材的审核方式、方法的缓慢发展与信息技术日新月异的高速变革已经成了中小学教材建设发展中的主要矛盾之一。数字教材与其他各类数字化课程资源的融合应用，可以在一定程度上解决当前教材审核方式、方法不足与先进信息技术的教育应用之间的矛盾。

习近平总书记在网络安全和信息化工作座谈会中多次提到："互联网不是法外之地"，数字教材作为教材体系中的一员，当然也不能以技术为理由去规避国家教材管理的法律法规和基本原则。数字教材要保持健康、稳定、持续的发展，严格的审核制度是必不可少的。一些在信息化教学环境中有着较好应用效果的平台和技术工具、暂时不支持审核的新技术，可以先不引入数字教材中，而是作为数字教参、数字教辅、虚拟教具等其他资源类型进入教学活动中。在实际的教学活动中，数字教材可与数字教参、数字教辅、虚拟教具等资源有机地结合在一起，实现融合应用。当新技术有能力支持数字教材的审核要求时，再将其用于提升数字教材的内容和功能。这也是新技术自身从引入教育信息化领域到成为核心课程资源的逐渐筛选、过渡、完善的过程。

3. 基于融合应用思路的中小学数字教材设计

将数字教材与其延伸出的数字化课程资源融合的应用思路，本质上是将数字教材回归教材应用的核心价值。正如我们从不期望纸质教材能解决一切传统教学问题一样，数字教材能支撑和满足的信息化环境中的教学需求也是有限的。在数字教材能满足的需求范围之外，当然还存在着近乎无限的个性化教与学需求。这就需要我们去建立一个以数字教材为核心的信息化教学应用系统，通过数字教材和教学应用系统中不同的数字化内容、数字化学习工具等资源的融合应用，满足各类教学需求，实现不同的教学目标，形成差异化的教学方式或风格。在融合应用的思路下，数字教材的设计思路也会与当前的常见设计方式有一定区别。

（1）突出核心资源特征的数字教材设计。

考虑到中小学数字教材作为一种信息化教学环境中的核心课程资源，数字教材自身的设计必须突出“核心”二字，否则就会失去数字教材最重要的教育教学价值。这首先需要在设计时具有“核心资源”的意识，或者称之为“教材意识”。设计和开发时要坚持以落实国家教育根本任务为前提，紧密围绕课程标准要求，特别是需要体现数字教材在促进学生学科核心素养发展方面的作用。与之相对的，则是要减少数字教材中的非核心内容或功能要求，设计者要敢于从理念上突出数字教材的核心价值，敢于将非核心内容和功能挪至教学应用系统的其他资源中。

其次，数字教材在研发时需要注重内容的科学性、严谨性。数字教材中的每个单元内容都应反复打磨、精益求精，但同时整体应保持较好的体系性。内容质量也是数字教材作为核心数字化课程资源的先决条件。我们强调数字教材的设计要有“核心资源”意识，也是希望能在缩小数字教材研发范围和减少内容数量的前提下，将研发精力聚焦于数字教材的内容质量。

最后，数字教材在设计上还需要考虑适用性问题。数字教材作为信息化教学环境中的一种“托底资源”，必须考虑不同地域、年龄、水平的教师和学生的信息技术应用情况。从实践上看，信息技术应用水平越低的教师，对数字教材的依赖度反而越高。因此数字教材的设计需要在易用性上下功夫，避免出现复杂操作。

（2）以数字教材为核心建设教学应用系统。

数字教材作为核心资源，就如同餐桌上的主食。光有主食，让人“吃饱”是没问题的，但离“吃好”就有很大差距了。在教育信息化 2.0 的发展阶段，数字教材解决的是核心问题，而我们还需要其他各类数字化课程资源与数字教材一道，构成一个信息化教学环境中的应用体系。这就涉及以数字教材为核心的应用体系架构的设计问题了。

在以往的案例中，将数字教材与其他资源、教学系统等进行整合的案例并不少见。如人民教育出版社在 2011 年推出的“人教数字校园”，就是包含了数字教材、教学课件、备授课工具、教务管理等内容资源和功能的教学应用系统。① 但以往类似的教学应用系统大多数面向教师进行开发，并以平台自身功能（而非数字教材）为核心。

应当强调的是，在信息化教学应用系统中，数字教材的核心作用不可替代。毕竟在所有数字化课程资源中，未来只有数字教材会基于教科书审核管理的相关要求和步骤来保障其内容的政治性、科学性，而其他各类数字化课程资源难以具备相近的教育价值。从这

① 王志刚. 构建以数字教材为内容核心的服务教育新业态［J］. 科技与出版，2019（11）：12-17.

个角度看，以数字教材为核心向外延伸建设信息化教学应用系统，更符合国家当前的教育发展要求。[①] 实际上，以数字教材为核心的信息化教学应用系统在技术开发难度上与以往的教学系统并没有太大差异，两者的区别更多地体现在对我国当前基础教育课程教学的理解差异上。

（3）加强数字教材与其他数字资源之间的互联互通。

数字教材的融合应用关键在于实现数字教材与其他各类数字资源的信息互联、数据互通，使得以数字教材为核心的信息化教学应用系统的实践成为可能，而不是只停留在理念上。其中最关键的问题是：在信息化教学应用系统中，其他各类数字资源如何调用和整合数字教材中科学、规范、权威的教学内容信息？例如本书前面提过的数字教材文本结构上的矛盾，就可以通过基于信息化环境下教学策略的内容重构来实现教学内容与教学策略、方法之间的协调。这需要数字教材的内容在被拆解、调用后可再重组，这也是目前解决信息技术环境下有效教学策略与数字教材内容结构矛盾的主要方式。

以往的信息化教学应用系统之所以不得不采用以平台功能为核心的设计方案，主要原因就在于数字教材的内容无法被有效调用。当教师运用新教学策略重新组织教学材料时，数字教材反而成了一种无法被使用的数字资源。这在客观上形成了数字教材在教学应用中与信息化教学策略的割裂，对数字教材的使用效果影响很大。

数字教材与其他数字资源之间的互联互通需要研究数字教材的标准化数据连接方案，规范数字教材与其他数字资源、学习工具之间的技术接口。从实践角度看，这并不存在技术难点，更多的是要

① 顾小清，傅伟，王华文. 遵从预设与定制路径：电子课本的学习地图设计［J］. 电化教育研究，2013，34（6）：64-69.

在数字教材设计上转变为运用融合应用理念。数据实现互联互通后，就可以围绕数字教材将其他数字资源构建成一个整体，并实现嵌入式和无缝衔接的融合应用。

二、理论分析

为了更好地丰富数字教材课程云平台的教育科学性，本部分从教学设计理论、首要教学原理、多媒体学习认知理论的角度，分析它们对数字教材课程云平台的设计方法和原则的启示。

1. 教学设计理论

“教学设计”也称“教学系统设计”，该理论始于二十世纪五六十年代。系统科学（包含系统论、信息论、控制论，也称“老三论”）的系统方法首次运用于解决教育技术领域的核心问题，对教育技术学科的蓬勃发展产生了重大影响。[①]

何克抗教授认为，教学设计是运用系统方法，将学习理论与教学理论的原理转换成对教学目标、教学内容、教学方法、教学策略、教学评价等环节进行具体计划和创设教与学系统的“过程”或“程序”，而创设教与学系统的根本目的是促进学习者的学习。教学设计是为了追求教学效果的最优化，注重两个过程，即教师如何教和学生如何学的过程，因此在进行数字教材课程云平台系统分析、运用数字教材课程云平台解决教学问题的过程中，应把教学设计理论应用于其中。

---

① 何克抗. 运用“新三论”的系统方法促进教学设计理论与应用的深入发展［J］. 中国电化教育，2010（1）：7-18.

自20世纪70年代始，教学设计领域开始运用系统方法构建教学设计模型，并将这些模型广泛应用于不同领域的设计与评价中，与物理世界中的通用设计融合形成“通用教学设计”①。综合不同教学设计模型的特征与成分，克劳福德（Caroline Crawford）提出“通用教学设计模型”②（General Instructional Design Model），即ADDIE模式，如图3-1所示。ADDIE模式总结了教学系统设计过程的一系列核心步骤：分析、设计、开发、实施、评估，围绕教学目标和教学问题，根据对学习者需求的分析和考察进行设计、开发、实施，并对各环节进行总结性评价和形成性评价。③

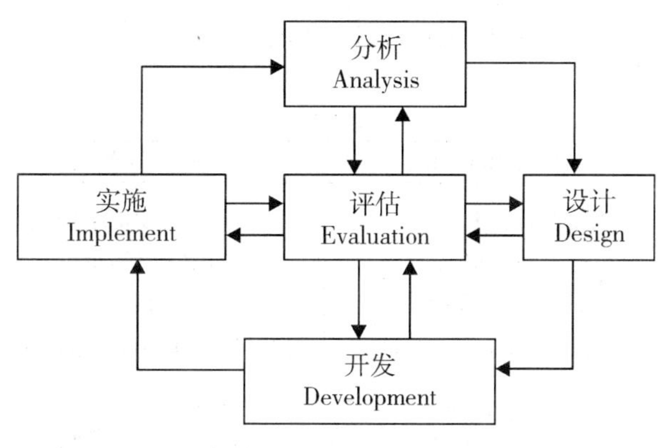

图3-1　ADDIE模式

教学设计理论对数字教材的研究提供设计开发实践的方法论指导，ADDIE模型指明数字教材设计与开发的路径和步骤，按照分析、设计、开发、实施以及评估的过程，对每一个环节进行详细考察。

---

① 张家年. 网络教育中通用教学设计原则和模式的研究［J］. 现代教育技术，2013，23（2）：104-108.

② CRAWFORD C. Non-Linear instructional design model：eternal，synergistic design and development［J］. British journal of educational technology，2004，35（4）：413-420.

③ 李向明. ADDIE教学设计模型在外语教学中的应用［J］. 现代教育技术，2008，18（11）：73-76.

2. 首要教学原理

首要教学原理（First Principles of Instruction）是由美国著名教学技术与设计理论家、教育心理学家梅瑞尔（M. David Merrill）提出的。[①] 如图 3-2 所示，教学的五个阶段分别对应首要教学原理的五个主要原理。起始阶段对应“以问题为中心”的原理；启动阶段对应“启动旧知”原理；展示阶段对应“充分展示”原理；应用阶段对应“尝试应用”原理；整合阶段对应“融会贯通”原理。同时，梅瑞尔还提出“波纹环状教学开发模式”，以促进首要教学原理的进一步实施，该模式以“聚焦解决问题”为首要环节，依次经过任务序列形成、知识技能分析、教学策略适配、互动界面设计和定型产品制作等环节，直至实现产品设计的全过程。[②]

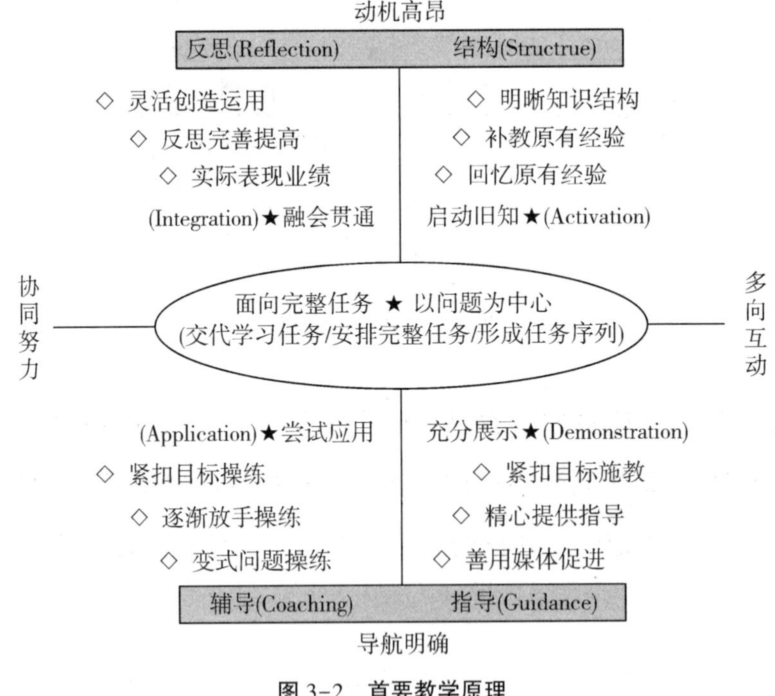

图 3-2 首要教学原理

① 俞建华. 首要教学原理视角下的网络课程建设模式［J］. 中国电化教育，2010（4）：67-70.

② 郭炯，王晶晶. 面向 1∶1 数字化学习的电子教材设计与开发研究［J］. 中国电化教育，2015（3）：90-96.

首要教学原理重点关注创设学习环境和拟定学习结果，需要先确定有助于学习行为发生的教学产品的基本特征，可以作为确定某个教学产品能否达到预期教学效果的条件。目前，国内外将其应用于网络课程的设计、开发与评价环节中。[①] 首要教学原理对数字教材课程云平台在内容的选择和组织方面有以下几点启示：

①教学内容的组织要以问题或任务的形式为主。首要教学原理的第一个原理即以问题为中心，各个教学目标要紧凑衔接。数字教材课程云平台在内容组织形式上要设定问题解决的学习任务，并根据认知和思维结构的发散程度由易到难设置。

②内容要匹配合适的工具材料。首要教学原理的“启动旧知”原理，指出学生原有的认知结构需要外界的刺激才能显现。因此，数字教材在内容的选择上要先考虑能够引起学习者回忆、联系、描述或应用原有相关知识的材料。

③提供适当的支架或工具，促进有意义学习的发生。数字教材要提供适当的支架或工具，帮助学习者思考、记录、展示、应用、辨析，从而促进有意义学习的发生。

④设计开放性的内容与结构。数字教材的内容和结构应该应用开放性的设计，可以根据外部环境的影响和学习者的需求而改变，不仅仅是内容呈现的方式，数字教材内容本身也应该具备可选择性、可扩展性。[②]

3. 多媒体学习认知理论

美国教育心理学家和认知心理学家理查德·梅耶（Richard E.

---

① 庄科君，贺宝勋. 基于首要教学原理的电子教材的设计研究［J］. 现代教育技术，2012，22（4）：21-24.

② 李靓婧. 面向有意义学习的数字教材及其学习环境的设计与应用［D］. 广州：华南师范大学，2016.

Mayer），提出了双重通道假设、容量有限假设和主动加工假设三大假设，形成了多媒体学习认知理论（Cognitive Theory of Multimedia Learning）。[①] 该理论认为外部信息通过眼睛和耳朵分别进入视觉图像通道和声音语言通道，进而进入认知系统进行加工，而人类认知系统中资讯加工的各通道保存和处理信息的容量是有限的，当大量视觉材料和声音同时进入视觉图像通道和声音听觉通道时，可能引起信息超载而导致认知负荷。[②] 只有当学习者积极主动参与信息通道的加工活动时，有意义学习才能发生，参与的过程需要遵循三个关键步骤：选择相关材料（选择）、组织选择的材料（组织）、把选择的材料与已有知识进行整合（整合）。[③]

多媒体学习的认知理论对数字教材课程云平台媒体形式的选择有以下启发：

①媒体的呈现形式需丰富。多种媒体同时作用的学习效果相对更好，但是需要协调运用视觉、听觉通道共同进行信息加工[④]，避免产生认知负荷。

②媒体的呈现形式需保持一致。目前，大多数字教材产品已经实现富媒体化，但是媒体呈现形式需保持一致，内容和学习情境的展示要突出且明确，保证学习者不被干扰。

③个性化选择媒体呈现形式。数字教材的媒体呈现形式也应该尊重用户的认知特点和个性化需求，支持使用者个性化的选择。

---

① 王建中，曾娜，郑旭东. 理查德·梅耶多媒体学习的理论基础［J］. 现代远程教育研究，2013（2）：15-24.

② 闫志明. 多媒体学习生成理论及其定律：对理查德·E. 迈耶多媒体学习研究的综述［J］. 电化教育研究，2008（6）：11-15.

③ 郑旭东，吴秀圆，王美倩. 多媒体学习研究的未来：基础、挑战与趋势［J］. 现代远程教育研究，2013（6）：17-23.

④ 张丽，盛群力. 技术应如何致力于促进学习?：梅耶论多媒体学习与教学设计的原则［J］. 远程教育杂志，2009（2）：26-32.

④多种媒体之间需要有关联性。多媒体的呈现应具备引导性，尽量安排邻近的媒体同时呈现，以实现对不同通道产生刺激和影响。

三、建设需求分析

1. 用户使用需求

（1）教师方面。

为教师提供基于网络学习空间的智能助手，通过精准诊断学情、改进备课教研、智能推送资源、3D资源供给等方式，实现实时有效的教学流程创建和评价，减轻教师工作负担，提高工作效能。支持教师开展以学生为中心的新型教学模式探索，推动人工智能技术在教学中的深度应用，增强和提升教育教学的有效性，优化学生的学习体验，创造更加公平而有质量的教育。利用人工智能技术加快推动教学方法改革，探索广泛存在的、灵活的、智能的教育教学服务新模式，促进“课堂革命”的有效、有序开展。通过项目的建设，针对教师可以实现如下目标：

①实现教育资源主动服务、精准服务、个性服务，从“人找资源”变为“资源找人”。

②支持教师利用小粒度、强交互、智能化特征的新型数字教育资源，进行课程重难点的教学。

③为教师提供学科工具，改变当前教育资源制作样式单一、交互能力低下、适用场景受限的问题。

④支持在线备课、教学活动组织等，实现课堂内外、线上线下相结合的教学。

⑤支持课堂智能授课、作业快捷点评、保存板书、移动授课等，通过云端一体化使空间服务于课堂教学。

⑥支持在线作业发布、在线作业批改、在线组卷、在线测试等，实现分层、个性化智能测评与诊断。

⑦支持跟踪、监测学生学习全过程，开展学情分析、学习诊断，实现精准教学、个性化作业推送。

⑧支持记录教学思考、教研心得等，实现教学反思。

⑨支持教师发起班级讨论，让老师以更恰当的方式，及时掌握每位家长的想法。

（2）学生方面。

为学生提供基于网络学习空间的智能学伴。智能学伴涵盖作业、预习、课堂记录、成长记录、学情分析、错题本等服务。学生能通过智能学伴实现问题解决与实时反馈，实现自我改进与全面发展，实现自我认知与反思。智能学伴能够与学生的智能学习终端进行对接，能够充分灵活地利用大数据采集技术，全方位、多层次、伴随性地采集学生学习过程数据，实现规模化和精准化测评。通过项目的建设，针对学生可以实现如下目标：

①支持在线完成作业、预习任务，实现问题解决与实时反馈。

②支持记录成长过程，实现全面发展。

③支持查询学情分析和学习诊断报告，了解学习情况等，实现自我认知与反思。

④支持自动记录学生课堂练习、课后作业、监测考试等环节的错题，实现自我改进。

⑤支持参与在线学习活动，实现知识构建与能力培养。

（3）家长方面。

为家长提供基于网络学习空间的学情查询等服务，能够让家长实时掌握学生的情况，实现有针对性的监督与指导；通过网络学习空间提供家校互动等，实现家校协同教育。通过此次建设能够让家长通过网络学习空间关注孩子德育、劳动、日常生活习惯等方面的教育，能够让家长意识到网络学习空间是学生学习、获取公共教育资源服务、参与学校与班级教学活动、寻求学习帮助的重要途径，认识到网络学习空间是家校互动的开放环境。通过项目的建设，针对家长可以实现如下目标：

①支持家长查询学生的班级公告、学习活动情况、作业完成情况、课堂表现情况等，实时掌握学生情况，实现有针对性的监督与指导。

②支持家长动态跟踪孩子学习过程，了解孩子发展情况。

③支持家长与教师、家长与家长互动交流，参与学校事务管理等，实现家校协同教育。

（4）管理者方面。

管理者能够发布教育信息、掌握学校动态、规范学校管理、加强质量监控、开展泛在学习，优化教学资源配置和智力资源供给，建立基于数据的资源调配机制、学校评价机制、管理服务机制等，推进管理业务重组、流程再造，实现过程化评估和精细化管理，促进教育治理现代化。通过项目的建设，针对管理者可以实现如下目标：

①支持管理者根据不同业务职责，获得相应数据分析结果等，实现精准决策与科学管理。

②支持管理者查询空间应用情况，如关注度、活跃度、影响力、

公共应用服务使用频率等，实现空间应用动态跟踪。

③能组织教师参加信息技术应用能力培训，促进教师专业成长。

④能引导、规范广大教职工应用信息技术，优化管理流程，提升管理效率。

⑤能利用信息技术构建和谐的家校合作关系，开展有效的家校协同教育。

2. 教育管理需求

（1）统一身份认证。

基于“区块链”技术，建设统一身份认证系统，打造可信身份区块链，解决各个平台的用户管理功能“斩不断、理不清”的问题，避免多平台、多账号身份信息不一致现象，使各平台既可以便捷地使用教育云统一认证，实现单点登录、单点退出，又可以自主管理用户身份和权限，提高用户体验度，同时为建设学分银行、发展在线教育、实现学分互认和学历互认奠定基础。

（2）统一资源管理。

建设资源中心，构建统一的资源集聚体系。按照统一的资源标准，多维度、多层次分类、分域、分权地集聚各级、各类资源平台的教育教学资源，构建资源分权、分级的集中式管理体系。依托大数据和人工智能，通过对用户行为、过程数据的采集分析，实现资源的自动化分析和优胜劣汰的自动化管理，为资源便捷有效的管理和使用提供新的手段。

（3）统一数据管理。

整合数据中心，汇聚全区所有的教学应用、教育管理和资源服务等系统数据。

3. 师生渴望提高学习效率的需求

（1）学生方面。

在课前和课后很少有学生利用计算机和相关软件去预习、完成作业。课堂中教师会用 PPT 将习题发给学生，让学生在课后扩展学习。对于信息技术的使用，也仅仅停留在呈现的层面，没有上升到学习过程支持层面。偶有研究性的学习实践，也仅仅是将网络作为一个信息传递的工具，也没有优秀的软件能支持网络式的研究性学习。个别学生有意识地通过网络获取一些学习材料，进行自发性的学习。可以看出，学生对于信息的使用，很大程度上还是受到教师引领的影响，尚未形成自主式和探究性学习的雏形。

（2）教师方面。

如何利用信息技术进行更加有效的教学，是教师们最关心的问题。通过生动形象的多媒体展示，吸引学生的注意力，但如果设计不够得当，则容易喧宾夺主，适得其反。在课件制作过程中，大部分教师不具备自行开发资源的能力，而现有的网络资源，包括买来的资源库，大多不太适应教师的实际教学需要。如果在利用信息技术授课的过程中，整节课都被提前预设好了，那么教师的思维有可能会被课件所局限。

4. 功能需求分析

由上述分析，本研究对数字教材的应用系统进行了功能的梳理，简要的功能描述如表 3-1 所示。

表 3-1 数字教材应用系统功能描述

需求功能	简要功能描述
教师备课	专用教师备课工具，以所见即所得的编辑方式，进行互动课堂的教案备课，预设交互式课堂活动，并存储为课件档案以便使用
授课形式	课堂授课形式包含课堂交互活动、数字教材、数字白板、系统桌面四种形态，要做到无缝切换
课堂控制	课堂授课中，教师对学生的终端进行严格统一控制，包括交互活动的统一切换
互动课堂	互动课堂支持常见的课堂交互活动与练习形式，如：多媒体资源呈现、填空、选择、排序、简答、投票、写字等。对学生的课堂交互、答题情况进行实时、动态统计，要以图形化的报表呈现统计详情以及汇总结果
学习过程实时反馈	配合教师的控制，学生端受控进行学习情况与成绩的实时反馈
课堂记录	课堂的学习结果需要有翔实的记录，学生在课后可以查看课堂学习情况并进行复习；同时，保存教师下发给学生的学案并在课后统一呈现
数字教材	提供义务教育阶段语文、数学、英语、物理、化学等学科全套正版人教数字教材。数字教材以原版原式呈现，版权清晰，并通过人教版新课标教材知识结构体系将教材内容、微课解析、测评练习等进行数字化关联，便于引导学生按照信息化学习规律进行自主学习和探究学习
微课视频	提供义务教育阶段语文、数学、英语、物理、化学等学科全套微课解析视频。以国家课程标准和人教版教材中要求的学科知识点和学习重难点为基础，每一节微课针对单一知识点展开，长度约 3~8 分钟，提供与人教版新课标教材知识体系完全匹配的、成系列的、符合当前教学模式的优质资源
数字教辅	提供义务教育阶段语文、数学、英语、物理、化学等学科最新评测资源，并提供教师组卷、作业分发、自动阅卷、统计分析和学生自主测评、智能诊断、个性推送、弱项强化等功能。数字教辅基于分析模型与互动性设计，获取学生的知识点盲区，并与难易程度结合进行综合测评，实时抓取相关数据，便于教师实时获取和分析学生的测评过程与结果等数据，促进教师进行有针对性的教学，减轻教师工作负担，提高教学效率

（续上表）

需求功能	简要功能描述
应用场景	教师的应用场景：备课；授课过程中可直接播放知识点微课视频辅助教学；利用知识点视频进行自主培训 学生的应用场景：课前预习；课中在教师指导下观看微课视频，完成课中测评；课后利用微课对知识点进行复习巩固，完成课后测评
教学资源	可根据学校的需求协助校本资源的制作，根据地方需求建设校本资源库，根据学校的需要为校本资源提供数字出版服务
数据统计分析	自动统计学生的测评数据，并可推送给教师和学生，便于教师和学生查看数据并据此调整教、学内容
成长轨迹	自动按时间维度记录学生测评练习内容及结果等数据，便于学生、教师查看相关数据，并辅助教师对学生作出过程性评价

四、功能模型

1. 数字资源内容

平台提供数字教材、数字教辅、名师名校课例、备课资源等多种类型的数字资源内容，相关介绍如表 3–2 所示。

表 3–2　数字资源内容简介

数字资源内容	简介
数字教材	目前数字教材的内容主要来自人民教育出版社以及广东省人民出版社的纸质版教材，随着数字教材试点范围的推广，数字教材将向着多学科、多形态、多层次方向不断完善。其中："多形态"将体现为光盘介质、局域网版本、互联网版本以及多终端版本等；"多层次"则在教材、教辅及教与学的工具化开发几个方面形成完整体系

（续上表）

数字资源内容	简介
数字教辅	教辅是辅佐教材的参考性书籍，数字教辅为学生、教师及教研人员提供基于教材的数字化拓展资源。平台计划为用户提供多样化的数字资源，主要包括教辅图书、电子读物和教育测评系统三大类，用户可以在数字内容超市中选购数字教辅
名师名校课例	名师名校课例涵盖教材每个章节、知识点的视频课例，用户可以根据教材目录顺序进行查找与定位。视频课例是经过专家标注之后的内容，用户可以根据标注内容浏览视频课例中的特定片段
备课资源	备课资源包含 K12 阶段，各学科分类的教案、课件、试卷、音视频等内容。用户可以上传自己的资源，供其他用户浏览或下载使用

数字资源内容由平台数字资源内容超市统一管理，通过 PC 端或平板中的相应软件浏览。根据资源建设方的不同，数字资源内容主要分为三种类型：

第一类：数字教材、名师课堂、同步资源等已有资源。该类资源由数字教材项目组和出版集团、电教馆共同提供。

第二类：学校自主建设的资源。该类资源主要包括试验期间各试验学校探索形成的教学视频案例、教学课件、教学反思等校本特色教研资源。平台有助于试验学校及其教师进行资源的共建共享，鼓励教师在应用中建设课程资源。

第三类：由教育行政部门组织专家评估准入的优质资源。该资源能较大程度地满足一线用户对资源多样化的需求，让更多的优质资源为教育教学服务。

2. 数字教材课程模型构建

根据数字内容的规划设计要求以及数字内容超市的服务架构，项目组构建了数字教材应用示范工程的数字课程模型，该模型的结构如图 3-3 所示。

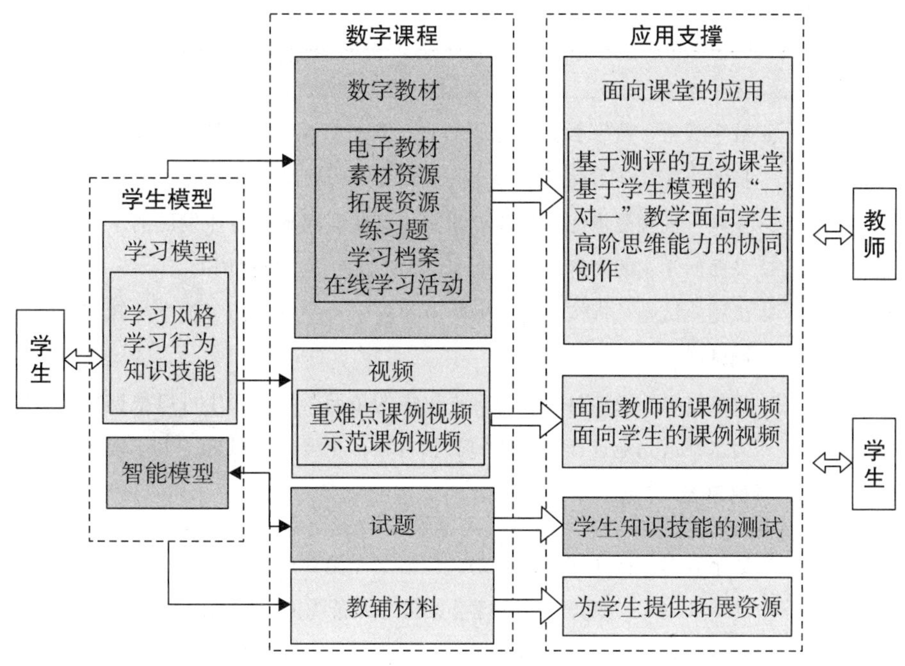

图 3-3　数字课程模型结构

数字课程模型分为三个模块：学生模型、数字课程和应用支撑，如表 3-3 所示：

表 3-3　数字课程模型的模块简介

模块	简介
学生模型	➢ 学习模型 学习风格：由学习者特有的认知、情感和生理行为构成，是反映学习者如何感知信息、如何与学习环境相互作用并对之做出反应的相对稳定的学习方式。可由学习风格量表测定 学习行为：包括学生的学习动机、对新知识的把握能力、学习态度等主要内容。可由学习行为量表测定 知识技能：根据测试题评估学生的学习能力 ➢ 智能模型：根据学生做测试题的评价结果，绘制学生的智能模型。由于学生学习风格、知识技能、学习能力的不同，所形成的智能模型也不同，根据学生的智能模型给学生推送个性化的、符合学生能力水平的资源。推送的资源主要包括数字教材、视频以及教辅材料

（续上表）

模块	简介
数字课程	➢ 数字教材：数字教材由电子教材、素材资源、拓展资源、练习题、学习档案、在线学习活动六部分组成 ➢ 视频：视频是指优秀的教学课例，包括面向教师专业发展的示范课例以及面向学生的为解决某一重难点而设计的重难点课例 ➢ 试题：试题是指按照新课标要求和教学大纲制定的考查学生知识技能的测试题库 ➢ 教辅材料：教辅材料是为学生提供的拓展资料。学生可以根据自己的能力水平适当地选择所需要的教辅材料，主要包括试题、电子辅导书以及视频等
应用支撑	➢ 数字教材：面向课堂的应用，包括基于测评的互动课堂、基于学生模型的“一对一”教学、面向学生高阶思维能力的协同创作等 ➢ 视频：对教师来说，包含两个方面，一是与课程教学相关的视频；二是面向教师专业发展，为教师提供的与教师教学风格相关的视频课例。对学生来说，主要包含两个方面，一是针对重难点讲解的微视频，二是其他学校优秀教师的讲课视频 ➢ 试题：提供试题测试学生的知识技能 ➢ 教辅材料：为学生提供拓展资源

3. 数字教材课程云平台的特征与功能模型

（1）数字课程模型的特征。

①立体化：以数字教材为载体，整合了教材、资源、学习活动和学习档案等内容，形成立体化的课程学习服务体系。

②强交互：实现教与学、学生与课程的强交互。

③个性化：以学习模型为支撑，形成面向每个学生的个性化数字课程，在真正意义上实现因材施教、差异化教学和个性化学习。

④开放性：基于云服务环境，有效整合开放资源、教师的教学

过程和学生的学习过程，形成开放的数字课程。

⑤高效性：通过动态评价、即时反馈、个性化推送服务和过程跟踪，有效实现高效低负的教学交流。

（2）数字教材课程云平台的功能模型。

如图 3-4 所示，数字教材课程云平台共分为两个部分，数字教材功能部分一共有四个层次，分别是：富媒体阅读、有意义学习、个性化设计、开放性环境，从下到上逐层实现数字教材的基础到复杂功能；有意义学习特征部分是数字教材功能的最终指向，其特性也是按从下到上的顺序体现。[①]

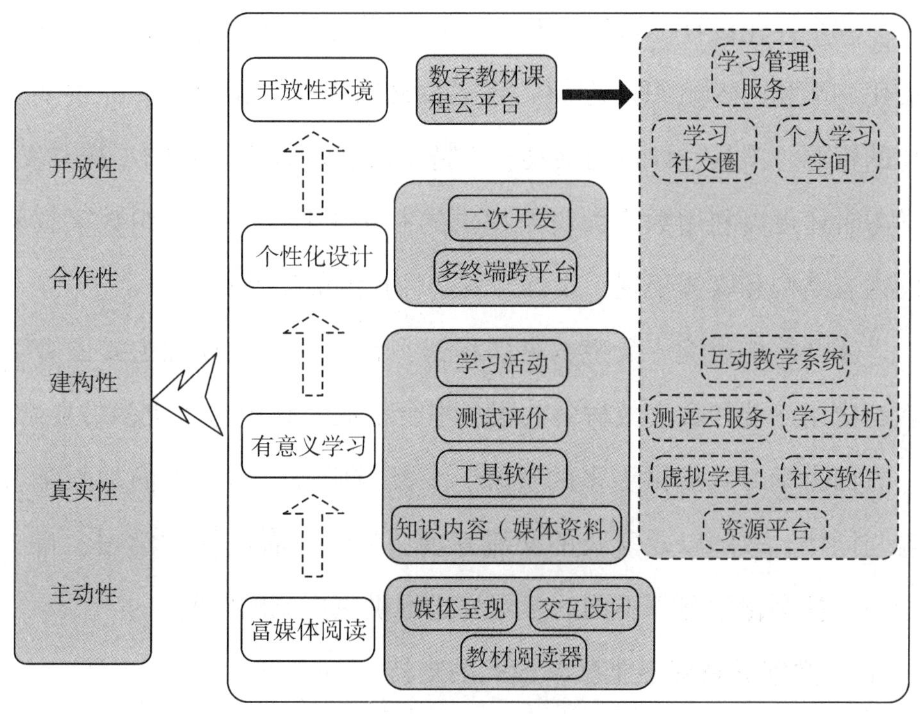

图 3-4　数字教材课程云平台的功能模型

① 李靓婧. 面向有意义学习的数字教材及其学习环境的设计与应用［D］. 广州：华南师范大学，2016.

①富媒体阅读。富媒体阅读是数字教材阅读属性的体现，也是数字教材的最基本功能，为学习者提供良好的阅读体验和内容服务，具备强交互性。富媒体阅读以数字教材阅读器为载体，通过媒体的呈现和交互的设计，为学习者提供丰富的、真实的、沉浸式的阅读体验。

②有意义学习。有意义学习是数字教材的主要学习目的。数字教材通过以媒体资源为载体的知识内容、工具软件、测试评价、学习活动等，从不同角度为学习者内化新知识提供条件，从而促进学习者有意义学习的发生。

③个性化设计。数字教材的个性化设计主要体现在数字教材的应用终端和内容组织两方面。数字教材采用模块化设计，提供多元化的资源、工具、评价与活动，支持学习者对数字教材的二次开发，学习者还可以利用数字教材所提供的制作工具，自行组织数字教材的内容结构和媒体呈现，设计开发个性化的数字教材。

④开放性环境。数字教材课程云平台的开放性环境主要由数字教材应用终端和数字教材公共服务平台组成，其中包含更多的要素，一方面为学习者提供更多的资源、工具与服务，另一方面加强学习者与同伴、教师以及家长的交流互动，为学习者的课堂学习、自主学习、社会化学习等不同的学习方式提供更广阔的空间。

4. 数字教材对课堂教学模式的支持

数字教材课程云平台的功能是由基础向复杂逐层实现的，但数字教材的形态和功能还需作进一步分析。数字教材的关键部分、外延和边缘部分如何界定，对明确数字教材的逻辑结构和开发方向有着重要的作用。为了更好地使教学与数字教材功能模型相匹配，项目组提出数字教材对课堂教学模式的支持结构，如图 3-5 所示，其中数字教材“内核”部分是数字教材的核心，独立使用时支持三种课堂教学，即“云服务课堂”“云互动课堂”“云协同课堂”，也可探索应用与这三种课堂相对应的教学模式。

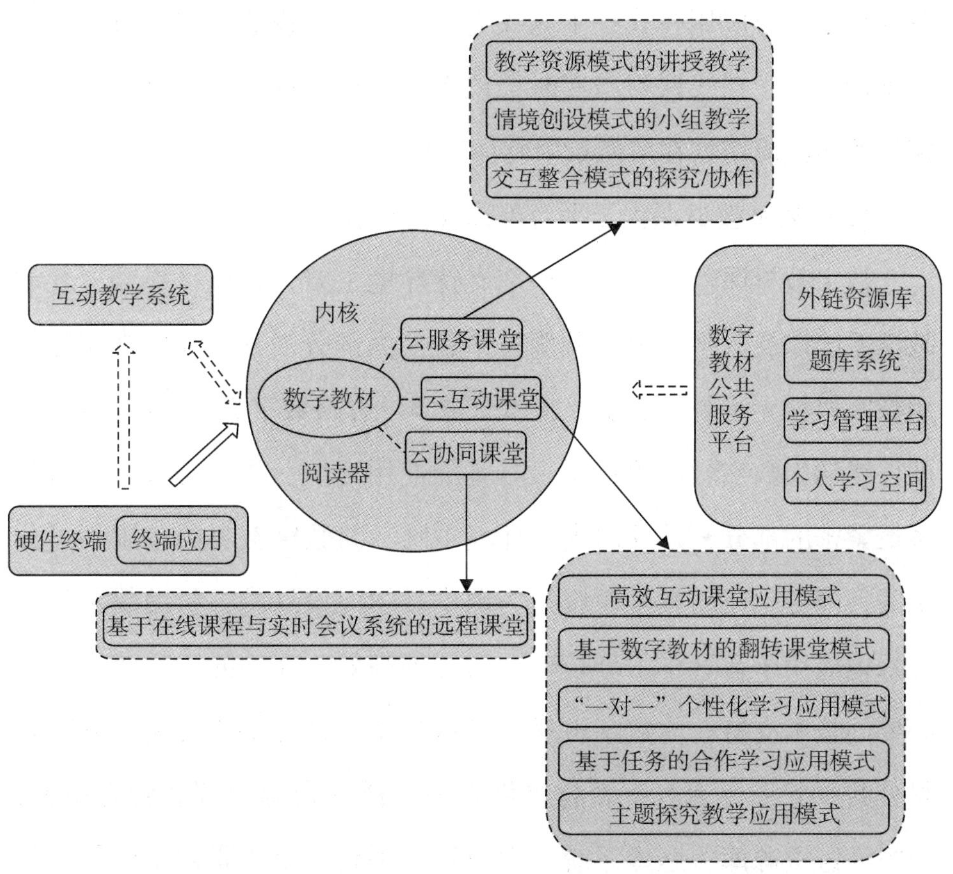

图 3-5　数字教材对课堂教学模式的支持结构

（1）数字教材课程云平台的内核，即对课堂教学模式的支持。

作为数字教材课程云平台的核心部分，数字教材的内核即数字教材概念对教学模式的设计与开发的支持。数字教材提出云服务课堂、云互动课堂、云协同课堂三类课堂建设与应用方案，在每类教学模式中支持多样性的教学开展模式，在云服务课堂中支持：教学资源模式的讲授教学、情境创设模式的小组教学、交互整合模式的探究/协作；在云互动课堂中支持：高效互动课堂应用模式、基于数字教材的翻转课堂模式、“一对一”个性化学习应用模式、基于任务的合作学习应用模式、主题探究式教学应用模式；在云协同课堂中支持：基于在线课程与实时会议系统的远程课堂。以上几类课程模式的实践应用均在第四章中有详细介绍。

（2）数字教材课程云平台外部支持环境。

数字教材课程云平台的外部支持环境主要包括硬件终端、互动教学系统以及数字教材公共服务平台三大部分。其中硬件终端是使用数字教材无法脱离的硬件载体，是学习者与数字教材之间的桥梁。硬件终端为数字教材提供了最基本的使用环境，作为与数字教材联系最紧密的部分，是外部支持环境中唯一与数字教材的应用不可分割的一部分。互动教学系统是为课堂教学而设计的，帮助数字教材更好地应用于智慧学习环境中，为开展高效、互动的智慧课堂提供必要的技术支持，与数字教材一样依赖于硬件终端来使用。数字教材公共服务平台为数字教材提供更为广泛的资源内容和管理服务，包括外链资源库、题库系统、学习管理平台、个人学习空间等，扩大学习者学习的容量与范围，学习者可以直接通过平台预置的底层界面接入调用资源。

5. 数字教材与教辅功能模型

数字教材课程云平台全面支持基于数字教材的教学应用，除了实现数字教材在智慧课堂的调用、同步、控制互动教学外，还创新、改革了数字教材的使用模式，将数字教材以结构化资源的形式，实现与课件的无缝链接，如图 3-6 所示。

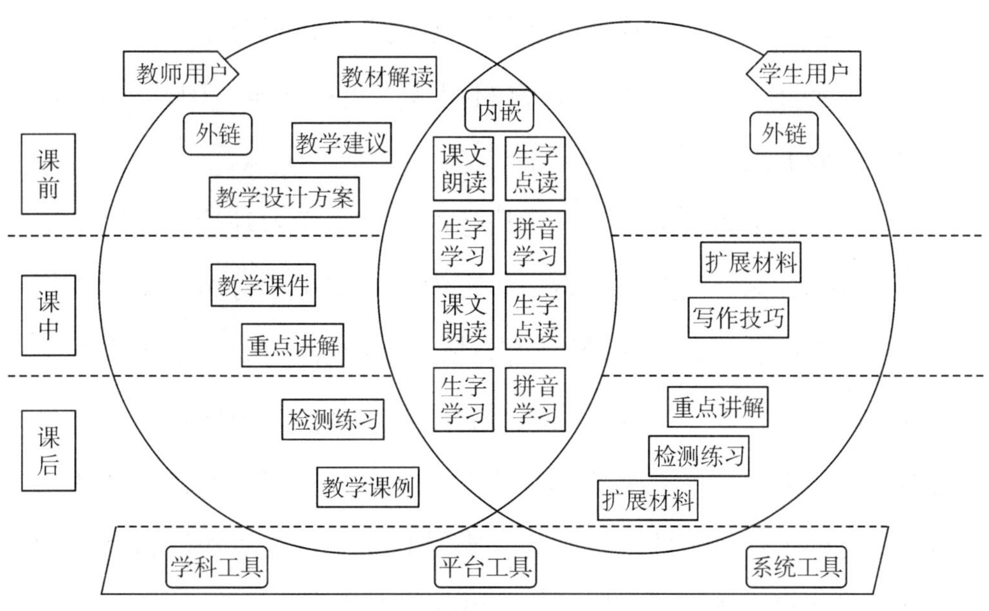

图 3-6　数字教材与教辅功能模型

教师可以使用教材章节或单页等碎片化资源进行备课，并与教学课件有机结合，打造个性化的数字教材与数字课件。同时，平台还实现了对数字教材的精准调用、内容同步，教师能够在课堂上统一控制学生教材的使用。数字教材是面向课堂应用的载体，是老师和学生在课堂教学中的一种应用环境。教师基于数字教材可以开展备课、教学、教学情况和教学效果的判断等活动，兼顾课前、课中、课后的教学。学生应用数字教材可以开展国家课程的学习。数字教材课程云平台在诊断学生的学习风格和学习能力的基础上，结合学生知识技能测评的情况形成个性化学习模型，并基于这个学习模型，开展个性化教材资源的推送，形成共性与个性兼具的课程学习模式，开创新的立体化的课程。数字教材与教辅功能模型的作用包括：

课前：提供教材解读、教学建议、教学设计方案；教师通过备课系统的教学资源，完成协作备课并通过平台进行分享。面向教师教学的资源主要由各种多媒体素材组成，包括文本、图片、音频、视频、动画五大类。

课中：数字教材课程云平台构建的数字化学习环境，是服务于教学、分享、测评的互动平台，实现学生在课中的分组互动、协作分享、随堂测验。教师通过教学课件，实现重点讲解；学生根据平台提供的多样化教学工具，完成课程学习。其中，拓展资源主要分为两类：一类是拓展教学资源，主要包括单元自测、阅读、趣味学习、学习助手、数字课堂等；另一类是教学工具类资源，包括各种软件，如在线词典、文本编辑器、思维导图等。

课后：根据课前、课中的学习情况，学生开展课堂复习与基于题库测评系统的自主练习，通过平台构建的交流圈子与社区进行在线互动，接受教师的点拨与指导。试题是汇聚学生学习模型的重要组成部分，通过课后的练习，考查学生对知识点的学习情况和能力发展水平情况并作出动态评价。

第四章　数字教材服务于中小学课堂教学的应用策略和教学模式

为配合“互联网+”智慧课堂的建设方向，结合数字教材示范应用试验区（校）教育信息化环境差异，项目组提出云服务课堂、云互动课堂、云协同课堂三类课堂建设与应用方案，三类课堂的软硬件环境如图 4-1 所示。

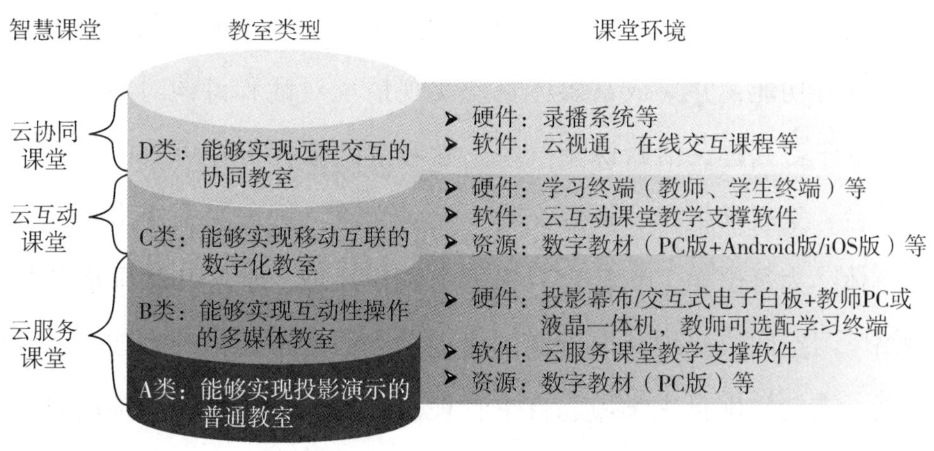

图 4-1　云服务课堂、云互动课堂、云协同课堂软硬件环境

毋庸置疑，数字教材课程云平台发挥其应有效力的关键在于实践应用的研究。“数字教材”项目进入中小学实践的时间尚短，无论是理论探索还是实践探究，现有的成果并不多。因此，教师必须

在教学研究中摸索出适合自己的教学方法，为此本章重点介绍数字教材的三类课堂应用领域和方法，以期为教师教学实践提供指导。①

一、“云服务课堂”环境下的应用策略和教学模式

云服务课堂教学管理软件基于云计算技术，整合数字教材资源中心的海量资源。管理软件提供了丰富的学科教学工具，方便教师上课使用。依靠数字化资源的“小粒度”知识点标注，通过“划词搜索”功能能够准确定位知识点，按需检索、快速同步调用的资源提供方式有助于构建灵活的课堂教学形式，提高课堂教学效率。同时基于先进的语音合成和语音评测技术，云服务课堂教学管理软件还能实现中英文手写识别、智能朗读、拼音朗读、词典调用、中英文测评等功能，并集成富媒体资源实现情境对话和诗词对答，激发学生的学习兴趣，活跃课堂气氛。学习空间依托可控可管的网络支持平台，集教学组织、资源交易、社区交流、管理服务等多项功能于一体，为每位学生和教育者提供个性化环境。学生和教师能依托网络学习空间快捷地获取资源，促进学生信息素养提升和教师专业发展，支持学生自主学习、自主管理、自主服务，支持教师网络研修、协同教研、专业发展。每个云服务课堂都装上无线 AP 设备，以云服务促进优质教育资源“班班通”，推进教学资源应用的普及化和常态化。云服务课堂充分利用各试点学校既有的教育信息化基础设施，在不增加新硬件设施的前提下，将课堂环境中现有的教学

① 代毅. 数字教材服务于中小学课堂教学的应用策略研究［J］. 中小学数字化，2021（A1）：8-10.

计算机、交互式电子白板或一体机接入数字教材课程云平台，将权威的数字教材和数字教辅带入课堂，最大化地分享和使用云端优质数字教育资源，提高课堂教学效率，提升现有教学设备的使用效率。教师也可以选配数字教材课程云平台学习终端，利用学习终端与交互式电子白板或一体机等设备实现双屏互动，让教学形式更加灵活自由。云服务课堂的教学环境如图 4-2 所示。

图 4-2　云服务课堂的教学环境

1. **数字教材规模化应用**

(1) 数字教材资源应用实验。

实验目的：研究数字教材中所包含的各种资源是否适切，是否有助于促进有效教学，提高教学效率和效果。

研究方法：教师在充分分析和理解数字教材内容的基础上，针对不同类型的教学资源，进行有针对性的教学设计，在实验班进行实验教学，在对比班则采用原有纸质教材的传统教学方式。通过对课堂教学录像中学生学习情况的分析和对学生进行课后测验、访谈、问卷调查等获得实验数据，再对比分析数据，得出实验结论。

研究侧重点：

①基于优质数字资源课堂应用的有效教学模式及应用效果。

②数字教材课堂教学中学习动机的激发与维持研究。

③小学英语数字教材对提高小学生口语交际能力/英语学习兴趣的作用。

④初中理科教材（物理、生物、化学）对培养中学生探究能力的作用。

（2）数字教材教学应用模式。

实验目的：研究数字教材在课堂教学中可行的应用模式，或数字教材对已有的一些教学模式的支持作用。

研究方法：教师对某一个学科的数字教材、教学内容、课程标准等进行整体性分析，从共性出发研究一般教学内容、教学情境或教学环节的通用模式；或从已有的教学模式出发，研究数字教材整体融入与支持教学的方式，最终形成几种数字教材的典型教学模式。实验中可通过对课堂教学录像作行为分析以获得实验数据，再分析数据得到实验结论。

研究侧重点：

①数字教材对已有教学模式的融入和支持方式。

②交互式电子白板与数字教材配合，形成富有创新性的教学模式。

③基于数字教材的创新教学模式，探寻传统教学模式与数字教材的结合方式。

（3）数字教材支持自主探究学习或个性化学习的实验。

数字教材的一个重要的应用特征是通过模块化、交互性的教学活动，实现教材自主探究性的教与学，通过实时评价、交互帮助等功能，为教学过程提供实时反馈与个性化指导。因此需要进行针对数字教材支持自主探究性学习或个性化学习的实验研究。

实验目的：研究数字教材对自主探究性学习或个性化学习的有效支持方式，并体现数字教材在教学应用中的核心特点。

研究方法：教师在充分理解自主探究性学习或个性化学习相关理论及教学方法的基础上，针对数字教材的特有功能或资源进行有针对性的教学设计，尝试解决以往基于纸质教材进行自主探究性学习或个性化学习中的一些难点（包括教学难点、组织难点、评价难点等）。在实验班和对比班进行同主题不同方式的对比教学，用教学录像将不同环境下的教学过程记录下来，通过对比分析学生课堂行为、学生作品、评测结果等实验数据，得到实验结论。

研究侧重点：

①运用数字教材资源突破自主探究性学习或个性化学习中的教学难点。

②利用电子白板中的各种功能，结合数字教材内容，突破自主探究性学习中的一些难点。

③综合运用数字教材中的内容、资源、工具，从学习内容、学习组织、学习评价三个方面创新自主探究性学习模式或个性化学习模式；也可以考虑将数字教材与终端中的其他插件、功能、资源、虚拟教具等结合，完成上述的实验研究。

2. 数字资源常态化应用

除数字教材之外，平台资源中心同时提供数字教辅、学科教学工具、优质题库等资源，供教师与学生选择使用，以及建立资源共建共享机制以汇聚优质资源。数字教材课程云平台资源中心具有数字教材、教辅的下载、使用和演变扩展功能，名师课堂预览点播功能，常态资源下载功能，第三方资源聚合以及基于圈子的社会化计算功能，并将这些功能覆盖到区域性数字内容聚合和共享服务中，支撑更为常态化的数字化资源聚合、共享和应用。数字教材课程云平台资源中心提供的资源类型包括：数字教材、名师课堂以及同步资源。

云服务课堂教学管理软件基于云计算技术，整合数字教材资源中心的海量资源。管理软件提供了丰富的学科教学工具，方便教师上课使用。根据教师课堂教学中对数字化资源的使用程度，可将基于云服务课堂的教学模式分为以下几种：

（1）教学资源模式。

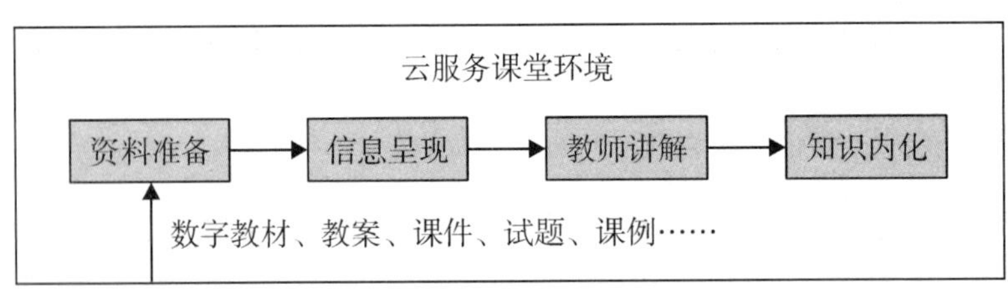

图 4-3　教学资源模式的讲授教学

如图 4-3 所示，在教学资源模式中教师仅仅将数字化资源作为自己教学素材的一部分，用于辅助多方位系统展示教学信息，以扩展或丰富学生的学习体验为主要目的。

教师在教学设计中，筛选或整理相关的文档、图片、影片等资源，补充教师常规教学素材的不足之处，并且允许学生浏览教师所建议的媒体内容以丰富其学习体验。由于教学设计时已将资源插入教学活动中，此模式的常用策略是讲述示范和操作练习。

研究侧重点：基于数字化教学资源和传统纸质教学资源的对比研究。

研究方法：实验选取采用两类不同资源的两个班作为实验对象，通过前测检验两个班级学生的水平差异。在保证水平相近的情况下，经过一段时间的教学，再测试两个班级的成绩差异，并结合学生对两类资源的态度论证基于两类资源的教学差异。

（2）情境创设模式。

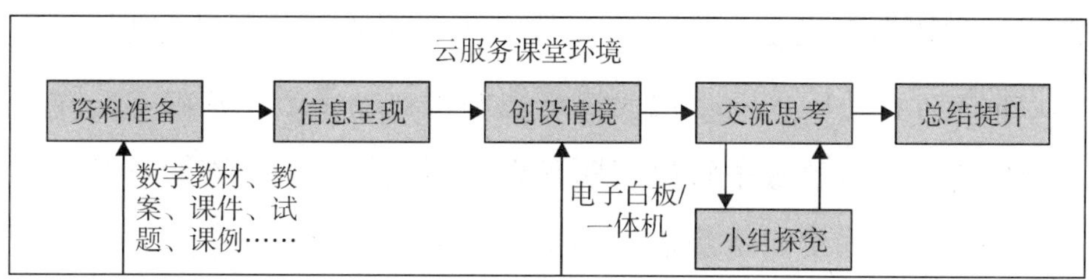

图 4-4　情境创设模式的小组教学

如图 4-4 所示，情境创设模式主张不能只是让学生从教师的讲授中学习知识，在此教学模式中，数字化资源不仅简单地呈现教学信息，还积极刺激学生沉浸到整个课堂所创设的情境中，去完成教师提出的学习任务，期望学生在学习任务中解决问题与思考问题，再从思考中建构知识。此模式经常运用的策略包含利用电子白板/一体机进行探究教学与问题解决，以及采用虚拟现实情境模拟或游戏媒体让学生在操作中理解与获得知识。

通过云服务课堂教学管理软件提供的丰富的学科教学工具，教师在课上可以轻松设置与课时教学内容相关的问题或任务，实时调整教学进度，做到难易知识点的合理讲授、演示。

（3）交互整合模式。

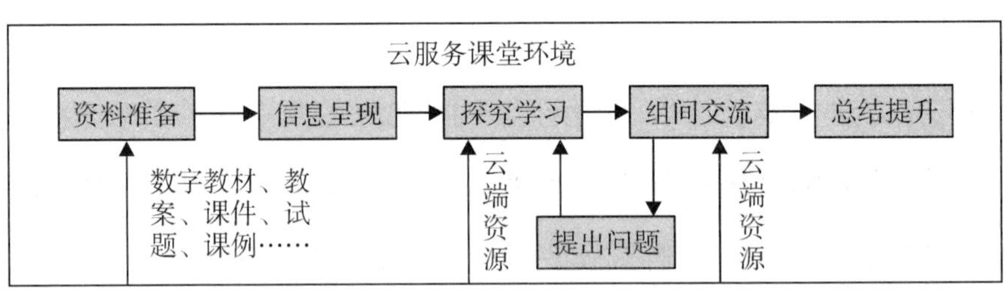

图 4-5　交互整合模式的探究/协作学习

如图 4-5 所示，交互整合模式是在云服务的环境下将数字化资源与课堂教学有机融合在一起。数字化资源除了能用于呈现信息、创设情境外，还应该能被便捷快速地调用，服务于课堂教学；除了引导学生在学习任务中解决问题和思考问题外，还应该能应对课堂中教师和学生的实时资源需求，激发学生再思考，且通过云服务课堂教学管理软件的评测技术，提供课堂交互活动，巩固内化学科知识。

此模式中，课堂环境已和云服务有机结合，课堂资源得到有效延伸，教师的教学行为和学生的学习行为可以有较大的改变。此时的云服务课堂可以提供资源高效汇聚、共享的学习环境，应该关注的是该环境对于学生学习行为和教师教学行为的影响。

研究侧重点：

①云服务环境的课堂教学对学生学习的影响研究。

第一步：选择一位带两个班或以上的学科老师，以该老师带的两个班级开展实验（选择的两个班级最好课堂表现相近）。一个班级使用具备云服务学习环境的课室，作为实验组；另一个班级则使用传统多媒体教室，作为对照组。实验组课上除了备课资源外，教师可以在课堂上随意通过云资源平台调取资源；对照组教师则按照自己的备课流程上课，中间并未调用其他资源。

第二步：在实验前，先对两个班进行前测，确保两个班成绩水平相当；经过一段时间的学习后，再对两个班进行阶段性考试（例如单元考），收集班级成绩作为后测数据。

第三步：分析数据，对实验组的前后测成绩进行 t 检验，分析差异性，验证云服务课堂教学的应用效果；对实验组及对照组的后测成绩进行 t 检验，分析差异性；通过学生优、良、中、差成绩所占比例，分析云服务课堂与传统多媒体课堂对学生成绩的影响效果。

第四步：在完成所有的教学内容后，对实验班级的学生进行问卷调查，并对教师及该班学生进行访谈，以研究教师及学生对云服务课堂的态度。

②技术支持下课堂动态生成性资源的有效利用。

课堂动态生成性资源是指教师与学生、学生与学生围绕多元目标，在开展合作、对话、探究的课堂教学中，实时生成的、超出教师预设方案的新问题、新情况。课堂动态生成性资源的有效利用能激发学生的学习兴趣，引导学生掌握课堂教学中生成的有价值的知识。

实验拟选取两个课堂氛围较活跃的班级，一个班级在普通多媒体教室上课，另一个在云服务教室上课。实验前选取两个班级同一学科的几节课进行记录，记下两个班级的课堂情况（学生提问数、教师解答数、教师回答正确率）。实验开始后，普通课堂的学生上课时如有实时的问题，教师只是通过已有的课堂教学材料和自己的知识来解答；云服务课堂的学生上课时如有实时的问题，教师可以通过云资源中心随意调用资料来帮助解答（两位教师的教学风格最好相似，甚至最好是由同一位老师上课）。通过一段时间的学习后再记录两个班级的课堂情况并作分析。

二、“云互动课堂”环境下的应用策略和教学模式

云互动课堂需要为教师和学生每人配备一台学习终端。在每人一台学习终端的环境下，融合云服务、数字教材、学科教学工具等构建新型教学环境，探索有效提高教学质量的信息化教学模式与方法。在云服务课堂环境的基础上，为教师和学生配备学习终端，提供云互动课堂教学支撑系统、无线组网与通信关键设备以及核心云服务，创设云端学习环境，支持课堂教学模式创新，转变教与学的方式，提高课堂教学质量。

云互动课堂使用信息技术支持课堂的教与学，具有示范应用、多屏互动、多人互动等特点，打破了呆板的封闭式系统模式，提供一种全开放式的教育模式，改变了当前的教学理念和方式，形成了新的评价体系。云互动课堂能支撑起立体化的教学活动，并在教师和学生之间搭建良好的沟通桥梁，帮助学生初步完成从感性认知、探究学习、协作学习到知识巩固、能力培养、素养积淀的升华。云互动课堂环境如图 4-6 所示。

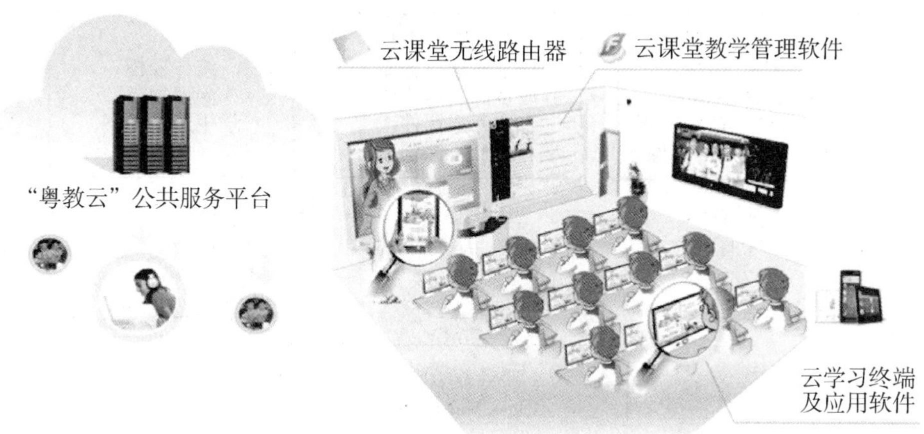

图 4-6　云互动课堂环境

以云平台汇聚资源与服务，为师生提供云端多媒体移动课堂教学服务与师生互动服务，通过云服务将名师/名校课程延伸到农村和城市薄弱学校，促进教育公平与均衡发展。

云互动课堂环境建设在云服务课堂的配置基础上，为教师和每一位学生配备学习终端，使个性化学习、差异化教学成为可能。云互动课堂利用专用的智能无线路由器解决多终端并发访问拥塞，以及移动学习终端、PC、交互式电子白板等多荧幕互动的问题。基于先进测评理念与跨平台软件系统支持，在云互动课堂环境下教师能够对学生进行及时评价与反馈，根据评价结果动态调整教学策略与方法，有助于激发和维持学生的学习热情、提高学习效率与学习效果。云互动课堂为教与学活动的开展提供工具、内容、数据以及课堂教学管理等方面的支撑，其功能模型如图 4-7 所示。

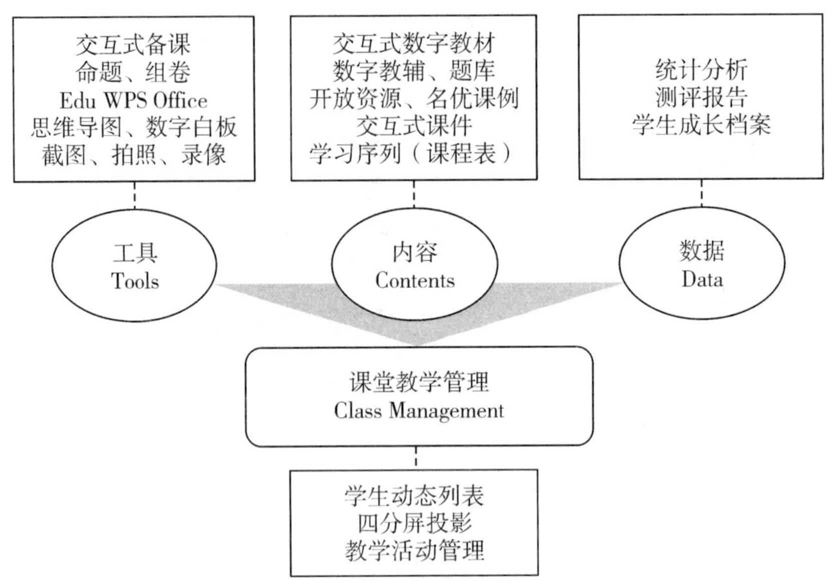

图 4-7　云互动课堂功能模型

1. 云互动课堂功能描述

在各个功能模块的有力支持下，云互动课堂具有很强大的功能①，主要表现为：

（1）高效备课。

教师通过云互动课堂教学管理软件中的“交互备课”可以对教学活动进行合理的安排和组织。教师通过备课系统可以在数字课堂中创建与学生的交互活动；可以引用数字教材内容来备课；可以导入 PPT、视频、音频、图片等资源作为课程教学资源；可以自主设计前测和随堂小考，直接调用题库试题。

（2）课堂教学活动控制。

通过云互动课堂，教师端和学生端同步呈现教学内容，教师通

① DAI Y，LIU Z，LUO D. Research on the interactive psychological adaptability of teachers and students in smart classroom［J］Basic & clinical pharmacology & toxicology，2020，127（3）：62-63.

过数字课堂交互场景活动工具来控制学生终端的内容呈现。当需要学生观看白板大荧幕的时候，老师可以将学生的荧幕锁住，此时，学生不能自己操作学习终端。教师可以将课件中的 PPT、视频或者图片等资源在“数字课堂”中发布到学生端。在作品制作课程中，教师可以通过自己的教师端查看学生的作品，并通过白板将最优秀的作品呈现给所有同学。

（3）动态评价。

云互动课堂为学习创建了交互式测评环境，学习者可以通过诊断性练习、形成性测试和总结性测试了解自己在学习中的优势与不足，这一方面节省了教师批改试卷的时间，使实时反馈、学习内容的分析成为可能；另一方面，学习者可以在同伴评价或自我评价的过程中增加对知识的理解。

（4）实时反馈。

云计算具有强大的数据计算与分析功能，可以通过学习管理功能对学生参与测评及活动的过程和结果进行分析，生成全面的统计分析报告或进行更为复杂的数据挖掘分析，以直观的形式呈现学习的强/弱点，为教师改进教学、学生提高学习效果提供数据支持；资源云服务存储有大量的优质资源，而且将资源与教学知识点进行语义关联，可以为学生提供与所学内容相关的学习内容。同时，大规模流媒体技术提供了丰富的在线教学功能，包括电子白板、文档共享、协同浏览、桌面共享、文字讨论、私聊、批注工具等，能够满足辅助教学和在线教学情境下各种可能的交互需求，并在交互过程中提供实时反馈。

（5）学习过程跟踪与管理。

技术支持的高效互动课堂可以实现学习活动管理和学习过程管

理，包括学习活动定义、创建与执行，在线学习过程的追迹与管理（如学习互动过程记录、学习互动结果记录、学习成绩统计等）。教师通过查看统计结果能够准确把握学生的知识掌握情况，及时调整教学内容，针对不同层次的学生（个体、群体或全体学生）实施补救性教学。个人云盘中存储了所有学生作品，全面记录学生的成长过程。

（6）个性化学习支持。

在测评数据和学习行为数据的基础上，获得对学生当前知识、能力水平、学习风格等特征的描述，资源云服务中存储了海量的资源，在线学习平台可以根据学生的实际情况为存在知识点问题的学生推送课例视频、为优生推荐拓展资源，达到补差培优的目的。同时，可以考虑学生的个性化发展需要，自动生成不同的学习任务。

2. 云互动课堂教学应用模式及操作流程

"教学有法，教无定法"，教师在教学过程中可以结合教学内容，灵活地选择工具、资源组织课堂教学，创新教学模式。在云互动课堂环境下，可以开展高效互动课堂、基于数字教材的翻转课堂、基于任务的合作学习、"一对一"个性化学习等多种教学应用模式研究，为教师在课堂教学中的数字教材应用与创新提供参考。[①]

（1）技术支持下的高效互动课堂应用模式。

传统的课堂教学，由于教师无法及时、准确地了解学生的学习状况、学习风格以及偏好，更是难以掌握每个学生的特点，往往只能经验性地对学情进行分析和判断，教学难以做到有的放矢。云环

① DAI Y，LIU Z，LUO D. Research on innovation and application of multi-dimensional interactive teaching mode in smart classroom：taking junior physics applied research as an example［J］. Journal of physics：conference series，2020，1575（1）：012211.

境下的高效互动课堂，以融合云存储服务、大规模流媒体交互服务、数字教材课程云平台为基础，以集学习诊断、多媒体教学、动态评价、过程跟踪和个性化补救学习为一体的交互式数字教材、课堂教学管理平台为重要支撑，为学习创设交互式测评环境，为教师动态生成性行为数据的获取及内容支持提供强大支撑，从而将评价、反馈和教学补救有效地融合在教学过程之中，实现教学效率最大化及教学效益最优化。高效互动课堂应用模式如图 4–8 所示。

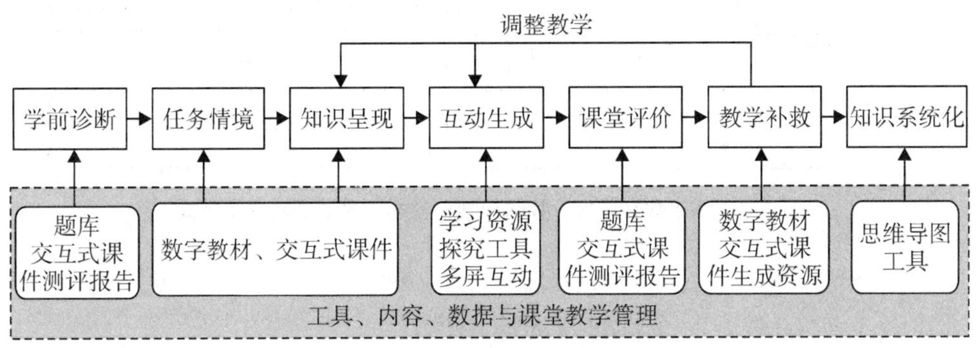

图 4–8　高效互动课堂应用模式

体现该模式的教学案例有珠海市香洲区第七小学的语文课“自选商场”、美术课“鱼儿鱼儿告诉我”，课例的详细分析结果见第七章。

（2）基于数字教材、教辅和学科教学工具的翻转课堂模式。

翻转课堂打破了传统的课堂结构和流程，其根本在于学生课前深度学习和课中将互动引向更高层次。实时反馈评价是数字教材课程云平台的一个特色功能，为学生课外开展自主学习，并在提示、反馈的引导下进行自我评价和学习提升提供支持。学生完成练习或测验后，数据自动通过网络汇总到教师处，并形成统计数据。课堂上，教师能够有效监督与分析学生的课外学习活动，为课堂教学开展提供客观、科学的决策支持信息，让课堂变成一个解决问题、加深概念理解、合作学习的地方。基于数字教材、教辅和学科教学工具的翻转课堂模式如图 4-9 所示。

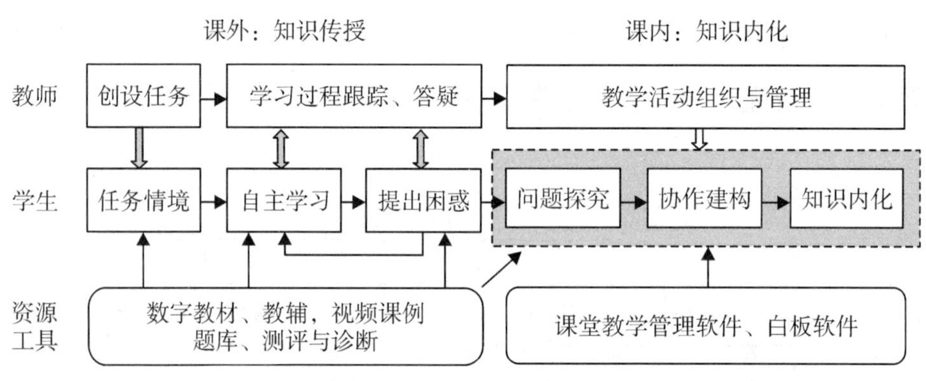

图 4-9　基于数字教材、教辅和学科教学工具的翻转课堂模式

（3）“一对一”个性化学习应用模式。

云互动课堂对个性化学习支持主要体现在两个方面，即创设“一对一”个性化学习环境与提供基于学生成长档案的个性化学习指导。具体表现为三项云服务：第一，大规模流媒体交互服务支持课堂学习、在线学习以及学习信息的搜集、处理、统计分析等，学生可以及时发现自己学习中的优势与不足；第二，资源云服务实现学习内容的存储和管理，基于用户特征及与资源关联的社会关系等，为学生提供最适合的资源；第三，云存储服务提供“虚拟档案袋”“个人学习网盘”等工具，满足个性化和终身化的学习需求，利用以云服务为支撑的信息技术形态，让学生利用学习终端进行可移动便携的个性定制教育环境支撑下的学习；让学生充分获取学习资源，实现更有效的以学生为中心的教育服务供给。在“一对一”个性化

学习环境中，学生根据自己的需要在多元化的空间，以多路径的方式进行学习，学习方式更加个性化。知识的获得、储存、加工、呈现、传授和创造等环节的数字化、网络化和协同化整合将提高学生的创造力和问题解决能力。

"一对一"个性化学习主要包括学前诊断、目标设定、自主探究、协作会话、形成性评价、反思建构六个阶段。①学前诊断。学习者在教师的引导下，进行预习，且参与课堂活动、作答测试或练习，平台自动记录学习者的行为数据并将其作为学生模型的初始数据，生成分析报告。通过分析报告，学生可以了解自己的优势与不足，准确判断自己的学习状态。②目标设定。根据学习诊断结果，制定合理的学习目标及学习策略。③自主探究。根据设定的目标，以及数字教材已有的课程目标，利用云服务提供的资源进行有目的的探究学习，以文字或思维导图的形式记录自主探究的成果。④协作会话。学生在多屏互动以及云存储的支持下，将个人的探究成果与其他同学分享，并开展讨论。⑤形成性评价。学生在教师引导下，参与课堂活动（如对同伴作品进行评价、投票等）、作答测试或练习，检验自己的学习情况。⑥反思建构。通过自我反思掌握概念和规律。"一对一"个性化学习应用模式如图 4-10 所示：

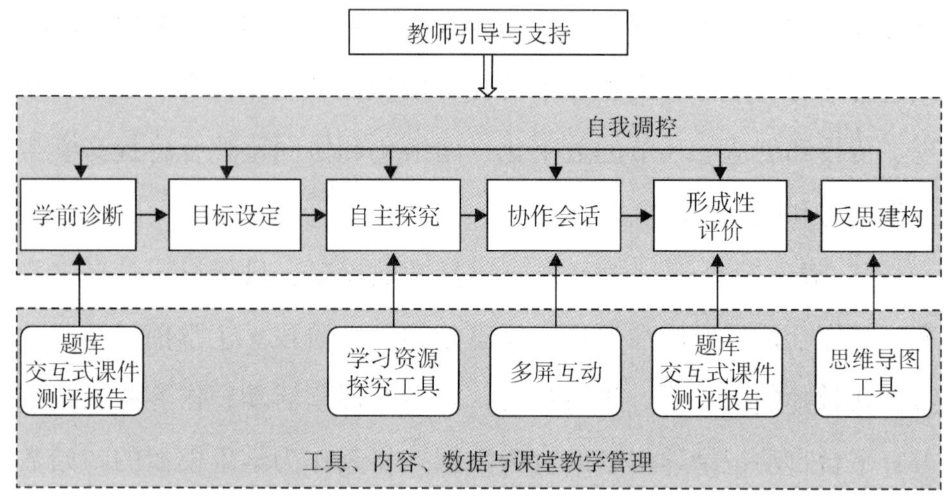

图 4-10　“一对一”个性化学习应用模式

在“一对一”环境下，学生通过数字学习工具可以更方便、快捷、准确地获取自己所需要的学习资源，可以自己规划学习、管理学习、寻找学习伙伴、组成学习共同体或投身各种形式的学习活动。因此“一对一”个性化学习可用于课堂中的自主学习，在高效互动课堂提高课堂效率、减少课堂教学时间的情况下，合理利用课堂教学的剩余时间，也可用于学生课后自主学习，满足不同学生个体的需求。

我们选取珠海市第四中学的数学课“一元一次不等式组的解”作为案例来呈现该模式的应用情况与效果，课例的详细分析见第七章。

（4）基于任务的合作学习应用模式。

合作学习是一种旨在促进学生在小组中互助合作，达成共同的学习目标，并以小组总体成绩作为奖励依据的教学策略体系。云互动课堂为小组讨论过程的监控与管理提供数据、工具、资源与平台支撑。课堂测评分析、文档共享、桌面共享、协同浏览等功能为小组成员提供了一个共享资源、内容的空间，教师可实时了解每个小组的学习情况，并为合作学习的顺利进行提供指导，多屏互动以及测评分析系统能够便捷地对不同小组的作品进行评价，充分发挥学生的主体地位，共享集体智慧，最大限度地促进学生的学习。

基于任务的合作学习可以分为五个阶段：①设计合作学习任务。教师在备课或课堂教学过程中，根据教材内容，设计合作学习任务。②组建合作学习小组。教师根据任务性质，在遵循差异性、公平性、交互性、协作性、目标性等原则的基础上给学生分组。③开展合作学习。合作学习小组在教师的引导下，明确学习任务、制定学习目标、划分学习任务序列、综合使用协同策略开展合作学习，在合作学习的过程中不断地讨论交流、分享学习经验、进行自我改进。④进行学习评价。从自主学习能力、对协同集体所作的共享、是否完成了对所学知识的意义建构三方面对合作学习的效果进行评价。⑤总结。教师对合作学习的情况进行总结，并针对合作学习过程中存在的问题进行针对性的讲解。基于任务的合作学习应用模式如图4-11所示：

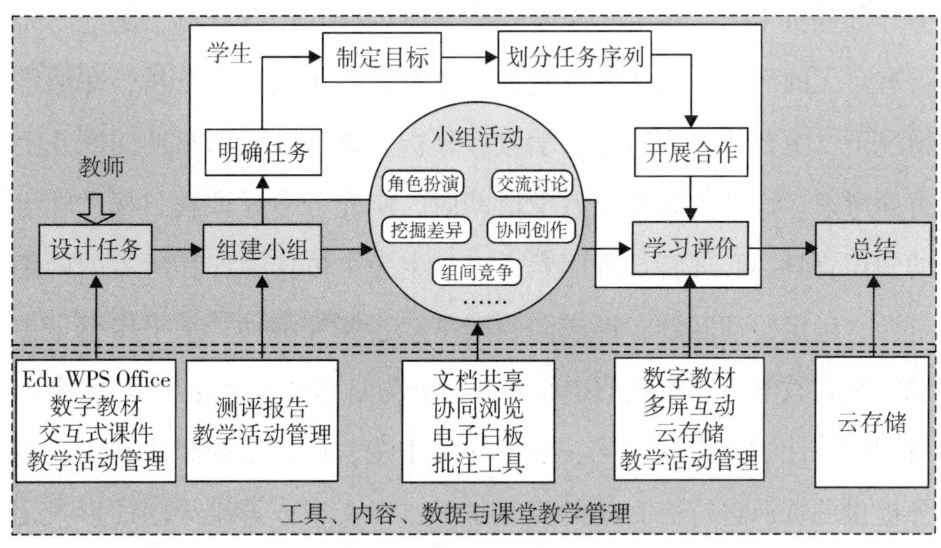

图4-11　基于任务的合作学习应用模式

体现该模式的教学案例有珠海市第四中学的英语课“It’s raining”，课例的详细分析见第七章。

（5）主题探究式教学应用模式。

云互动课堂可以为主题探究活动提供数据、工具、资源与平台支撑。数字教材、云盘资料可以作为学习资源供探究活动参考，文档共享、桌面共享等功能为小组探究活动提供一个共享资源、内容的空间，教师可实时关注学生的探究进程。同时，通过多屏互动以及测评分析，教师能够便捷地对学生的作品进行评价。云互动课堂环境下的主题探究式教学应用模式，有利于充分发挥学生的主体地位，共享集体智慧，最大程度地促进学生的学习。

主题探究式教学应用模式分为六个环节：①确定主题。主题是整个探究活动的导向，也是探究活动得以开展的基础。因此，教师应密切联系学生的生活实际，多积累适合生成主题的信息资源，并尝试根据不同的学习目标生成丰富多彩的探究主题。只有学会如何高效地生成主题，主题探究这一教学模式才能更好地为课程教学服务。②分析主题。在主题探究式教学应用模式中，分析主题绝不是可有可无的环节。在主题确定后，要对探究主题进行分析，在通常情况下，主要从主题目标、学习者分析、资源选择和驱动问题几个方面考虑。设计主题探究教学活动时，应充分考虑课程目标、学生的知识背景、心理特征等因素，以学生为主体选择课程所需的网络资源，确定驱动问题，形成问题网络。③探究活动。动手探究是主题探究式教学应用模式的中心环节，分为自主探究和小组合作探究。我们应该让学生带着疑问，沿着问题主线，按自己的想法利用云服务提供的资源进行有目的的探究学习，以文字或思维导图的形式记录自主探究成果。教师只是随机指导，并适时地参与共同探究。

④合作交流。合作交流是主题探究式教学应用模式的升华阶段。当学生完成动手探究后，我们应给学生一个独立思考或组内交流的机会，帮助他们理清思路，便于他们更清晰地把探究结果表述出来。学生在多屏互动以及云存储的支持下，把自己的观点提出来与大家一起分享讨论，并鼓励有不同看法的学生大胆地质疑。⑤评价反思。学生应在教师引导下，参与云互动教学管理系统提供的各类评价活动，对探究结果、学习过程和学习效果进行评价。⑥拓展延伸。拓展延伸是为了让学生学以致用，培养自主探究的能力。一节课的时间是有限的，没有办法完全解决所探究的问题，教师要把在课堂探究中没有解决的问题和产生的新问题，延伸到课外，让学生在动手探究中不断地发现问题、解决问题。主题探究式教学应用模式如图4-12所示。

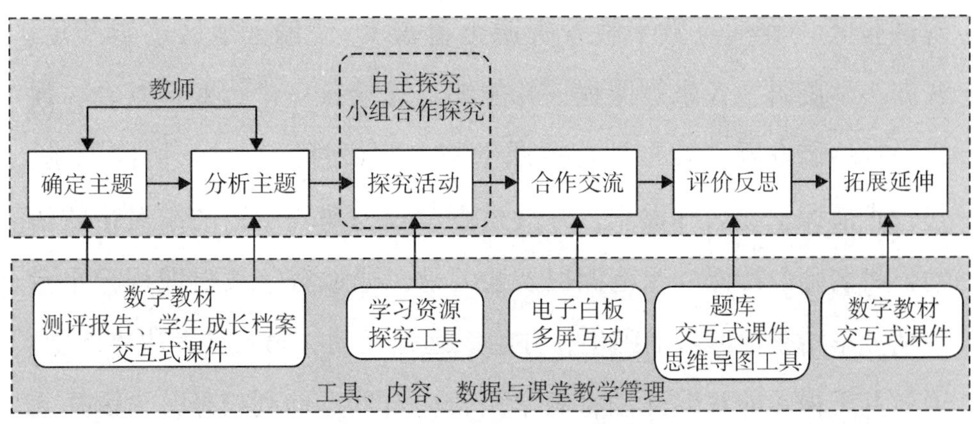

图4-12　主题探究式教学应用模式

三、“云协同课堂”环境下的应用策略和教学模式

1. 云协同课堂内容与功能特色

（1）云协同课堂内容。

在设备配置方面，云协同课堂环境是在云互动课堂环境配置的基础上增加了录播系统、远程视讯系统等设备，目的是基于优质资源共享实现全面协同的互动课堂教学。[①] 在工具及服务方面，能够实现视频的直播、点播，基于视频的双向交互以及基于课程表设置个性化学习路径等功能，为远程教学活动的开展提供支持。

（2）云协同课堂功能特色。

云协同课堂有以下三个方面的创新应用：第一是专递课堂。实现试验区“教学点数字教育资源全覆盖”，使偏远地区逐步开足、开齐小学英语、音乐等课程，并能够与远端教室进行双向互动，促进教育均衡发展。第二是直播课堂与名师讲堂。通过云协同课堂，建设直播课堂和名师课堂，开展重点学校与薄弱学校的结对帮扶活动，将名师的授课、示范课以及公开课，通过数字教材课程云平台直播分享给其他区域的师生，并组织远程互动。第三是无边界课堂。通过基于视频的双向互动将教学由校内自然延伸到校外，为因病无法到校上课的学生提供在家听课的机会。此外，师生可以在网上开展教学，使课堂教学免受自然灾害的影响。

---

① 代毅，刘臻，傅龙. 基于智能研修平台的教师知识共享研修模型建构与实践［J］. 中国电化教育，2022（1）：134-142.

2. 基于在线课程与实时会议系统的远程课堂应用模式

在云协同课堂中，本项目构建了一种基于在线课程与实时会议系统的远程课堂应用模式。该模式主要包括几个关键步骤：教师发布课程计划，学生参与课堂活动（主要指以实时会议的方式参与）并完成在线课程中教师预先设置的学习内容；教师跟踪学生学习进度并引导学生完成学习任务；学习过程中学生之间以及学生与教师之间可以通过视频会议提供的聊天、投票、白板等功能开展交流讨论，进一步解决问题。

教师在远程教学中发挥着重要作用。作为教师必须控制课堂节奏，确保学生参与和解决问题，并积极引导课堂教学活动。因此，在开展远程教学时，需要注意以下几点：第一，与学生单独联系。例如单独呼叫或发电子邮件给某一学生时，让他知道你将他看成独立的个体，并且倾听他的观点。第二，帮助学生互相认识。让学生发布他们的个人介绍，并让学生能够查看同学的资料，找出自己与他人的共同兴趣或者其他相似之处。第三，使课堂活动与发布的日程计划保持一致。第四，掌控学习进度。规定作业提交时间和最后期限，强制学生遵守最后期限，以便使整个班级进度一致。第五，让学生提前预习。课程开始之前，公布一份完整的课程大纲，说明整个课程的要求。第六，不要花费太长的时间在教授课程软件的操作上，让学生查阅其他资源或利用课外时间学习这项技能。

第五章　数字教材应用数据采集

一、教师动态生成性行为数据采集标准

数字教材应用的重大意义之一是挖掘隐藏在数字教材应用数据背后的教师行为特征，在庞大的使用数据中采集教师动态生成性行为数据，找到其中的规律并试图总结出共性，这对于提升教师的专业发展能力具有重要价值。常规教学环境中的教材只能起到资源载体的作用，教师与教材的交互是分析、探究、选择与创造的过程。在数字教材的技术支持下，使采集、记录与分析动态生成性行为数据成为可能，将原本难以实现的数据采集与分析自动化，以数据驱动教学成为新的发展路径。

学习分析技术（Learning Analytics，LA）是近年来教育技术领域迅速发展的前沿技术，是运用先进的分析方法和分析工具预测学习结果、诊断学习问题、优化学习效果的一类教育技术的集合。[①] 学习分析技术可以通过收集数据并以一定形式来呈现结果，是分析数字教材的行为数据的有效技术。

数据采集是数据分析与应用的基础。在教育领域中对学生数据

① 李青，王涛. 学习分析技术研究与应用现状述评［J］. 中国电化教育，2012（8）：5.

的采集可概括为以下两种方式：一是从信息化学习系统中获取学生数据，包括学习行为的日志数据、用户的信息数据与应用反馈数据等；二是基于摄像头、传感器等设备感知用户生理特征信息以及情境信息，目的是了解学生学习活动的参与情况，了解学生在教师发出指令后的反馈等。[①] 本研究通过对数字教材课程云平台的应用功能分析，将采集到的数据分为信息数据、偏好数据和行为数据。

信息数据：从教师的用户信息数据、设备信息数据和运行性能数据中采集。其中，教师的用户信息数据分为：①基本数据，如姓名、职务、所带班级、所属学校、年龄、性别、学历、学科等；②表现数据，如教师参加培训的次数、参加教研活动的次数、参加培训的学习时长、参加培训的得分情况等。设备信息数据包括：①基本参数，如设备品牌、设备机型、CPU 类型、系统版本、应用版本等；②应用参数，如数字教材系统的登录情况，包括登录时间、角色、当前及历史账号等。运行性能数据包括移动设备温度、可用 CPU 占比、可用内存量、设备当前电量、设备屏幕亮度、异常信息等。

偏好数据：从数字教材的外显使用行为（即数字教材使用习惯，包括使用阶段、使用频率、使用资源类型等）和内隐使用行为（如资源使用动机、信息化教学应用意识）两方面构建基于数字教材的教师动态生成性行为数据采集模型，细化每一项行为的采集指标。本研究将数字教材的外显使用行为主要细分为数字教材内容的选择行为、数字教材工具的使用行为（如记录、标注），即直接情境数

---

① AGHABOZORGI S, MAHROEIAN H, DUTT A, et al. An approachable analytical study on big educational data mining [C] // International conference on computational science and its applications. Switzerland: Springer International Publishing, 2014: 721-737.

据。数字教材的内隐使用行为主要体现在动态变化的教学活动情境中，即间接情境数据，主要以问卷、访谈和埋点方式进行采集。内隐使用行为一旦固定下来，就基本不会有较大的变动。

行为数据：为实现教师动态生成性行为数据的采集，数字教材的环境在内容、工具与服务方面应该满足如下条件。①内容方面，教学元素需要表现得更丰富、生动、形象，有利于激发学生的学习兴趣，促成深入的课堂互动交流；②工具方面，提供师生、生生互动的平台，探究性学习工具，测验功能，小组协作模块，总结评价、反思提升工具；③服务方面，支持成果分享以及专家指导，通过跟踪与分析教师行为，让数字教材更好地服务于个性化学习管理。

本研究结合数字教材环境特征及数字教材教师用户的外显内隐使用行为分析，遵循 xAPI 规范，在确立情境数据分类框架的基础上筛选合适的指标，掌握情境获取数据的一般过程，建立情境感知模型，并在此基础上，定义教师动态生成性行为数据描述规范，建立数据采集模型。

二、xAPI 的功能与特征

1. xAPI 学习过程数据记录模型

xAPI（Experience API），是一种技术服务，是美国高级分布式学习（Advanced Distributed Learning，ADL）组织针对 SCORM（Shareable Content Object Reference Model）的局限性，提出的学习过

程数据记录模型。[①] 它主要是将学习经历形成的以 Statement 为基本格式的学习行为数据存储到 LRS（Learning Record Store，学习记录存储）中。这些以 Statement 为格式的行为数据主要存储的其实是学习者的学习经历，并且可以记录任何种类的学习行为。在此规范中，使用“活动流”（Activity Stream）来定义学习者的学习体验，通过记录跟踪这些活动流，来实现对学习者学习行为和学习表现的分析。

在该模型中，学生或学习团体通过访问学习平台、开展学习活动产生学习过程数据；而当某项学习活动或某个学生的行为需要被跟踪记录时，xAPI 就会发出“Actor + Verb + Object”形式的 Statement 语句，并传递到 LRS 进行存储。[②] 从 LRS 中传输和提取数据是十分方便的。LRS 中存储的一般是个人的数据，它是一种轻量级的数据存储方式。基于数字教材的数据存储 LRS 模型如图 5-1 所示。

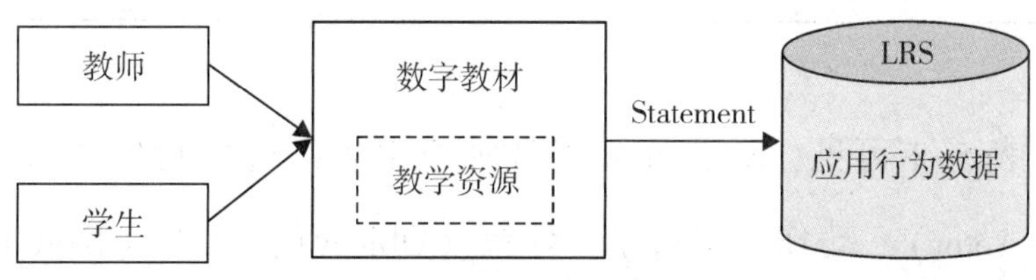

图 5-1　基于数字教材的数据存储 LRS 模型

2. 使用 Statement 描述教师的使用行为

Statement 作为 xAPI 标准数据的核心部分，采用“Actor+Verb+Object”的形式来描述学习活动（Activity），所有的学习活动都以这

① 卜昭锋，杜晓明，朱宁，等. 基于 xAPI 的数字化学习过程数据跟踪［J］. 现代教育技术，2019，29（1）：86-92.

② BERKING P. Choosing a learning record store（LRS）［R］. Washington：ADL，2016：5-7.

种简单的结构进行描述和存储。Statement 中包含十种属性，除了Actor、Verb、Object 这三个必选项外，还包括标识符、结果、情境、时间戳、存储时间、授权以及无效，如表 5-1 所示。[①]

表 5-1　xAPI 标准数据的 Statement 属性

属性	描述	解释	是否必选
ID	标识符	保证其所述的 Statement 在系统中的唯一性	否
Actor	操作者	学习活动中的活动执行者	是
Verb	动作	描述操作者和对象之间的动作	是
Object	对象	操作者的操作对象	是
Result	结果	表示 Statement 的测试结果	否
Context	情境	为 Statement 提供上下文信息	否
Timestamp	时间戳	记录学习活动发生的时间	否
Stored	存储时间	记录 LRS 存储学习记录的时间	否
Authority	授权	声明哪些系统或个人有权使用某条 Statement，并判定其有效性	否
Voided	无效	指该 Statement 标记为无效	否

由表 5-1 可见，Statement 将教师或学生的应用行为分解成了操作者（Actor）、动作（Verb）、对象（Object）、结果（Result）、情境（Context）以及时间戳（Timestamp）等属性。相当于通过几个属性结合的方式描述了一个行为，根据属性的性质，信息系统应用行为可以解释为：在什么时间（Timestamp），什么情境（Context）下，谁（Actor）对什么对象（Object）进行了什么样的操作（Verb），得到了什么样的结果（Result）。这六要素其实涵盖了行为科学对行为的定义，即行为是由学生个体的特质以及环境综合影响的结果。

① 张斯亮. 基于 xAPI 的网络学习行为分析模型研究［D］. 杭州：浙江工业大学，2016.

通过 xAPI，可以自动记录教师在数字教材应用过程中生成的行为数据并将其储存起来，这种储存行为数据的方式不同于传统的调研或者调查问卷，用 Statement 来储存行为数据可以使行为数据记录得更加全面、详细和易于分析。

3. 分布式 LRS 存储

xAPI 学习技术规范通过 LRS 来描述学习内容的存储机制。[①] 学生通过操作学习终端、网络资源平台等，可以完成与数字化教学资源的交互。与数据库相似，LRS 可以用来存储学生的学习记录。[②] 在 xAPI 中，学习记录被定义为 Statement，学生的学习数据以个人学习记录或成绩单的形式存储，不同的学习活动产生的记录均可传送到分布式 LRS 中存储。[③] 学生通过与学习内容或学习资源的互动进行学习。每一个学习任务在完成时都会以信号的方式发送并记录到 LRS 中。用这种结构化的数据格式来跟踪、存储学习记录，可以使数据分析具有较大的灵活度。

三、xAPI 支持数字教材应用数据采集的优势和不足

xAPI 跟踪的教师数字教材应用数据除了外显的学生学习表现数据（比如学习成绩、作业完成情况、课堂答题正确率等）、个人信

① CORBI A, BURGOS D . Review of current student-monitoring techniques used in eLearning-Focused recommender systems and learning analytics: the experience API & LIME model case study [J]. International journal of artificial intelligence & interactive multimedia, 2014, 2 (7): 44-52.

② 顾小清，郑隆威，简菁. 获取教育大数据：基于 xAPI 规范对学习经历数据的获取与共享 [J]. 现代远程教育研究，2014 (5): 13-23.

③ 方海光，陈俊达，詹伟华，等. 基于 xAPI 标准数据的交互式学习资源设计研究 [J]. 中国电化教育，2016 (12): 78-82.

息数据（比如教师的性别、学历、接受培训的情况等）和设备基础数据（比如设备名称和类型、操作系统类型、登录总次数和时长等）外，更多地记录了教师在教学常规活动中应用数字教材及配套资源的全过程，包括了课前、课中、课后阶段。此外，xAPI 还提供了数据的检索、读写、存储等功能，在联网情况下可以任意调取数据进行分析使用。xAPI 目前对基于数字教材的教师动态生成性行为数据的采集的主要作用在于记录应用数字教材及配套资源进行备课、授课的经历数据以及存储与共享应用数据等方面。

1. **基于数字教材的教师动态生成性行为数据采集**

xAPI 能够对教师应用数字教材及配套资源的过程和效果等数据进行自动采集。教师与数字教材及配套资源之间的交互，是教学常规活动中的重要环节之一。xAPI 的数据记录规范，即生成性应用数据是以语句 Statement 的形式记录到 LRS 之中的。Statement 的 “Actor + Verb + Object” 即 “主语+谓语+宾语” 的形式其实就是描述了 “谁对对象做了什么” 的学习活动，比如 “教师点击编号××× 的学习视频”，可以理解为教师对数字教材做了什么样的操作，数字教材对于教师的行为反馈了什么样的结果，教师在这样的相互作用中获得对应用情况的理解。

依据 xAPI 规范，基于数字教材的教师应用经历的形成过程被分解为三个步骤[①]：经历（Experience）—事件（Events）—陈述（Statements）。如图 5-2 所示，首先，描述性地总结教师在数字教材使用过程中的应用经历，其次使用描述语句通过对应的动作将基于数字教材的教师应用经历转化为设定的应用事件（根据具体的应用

① DUHON R. Mapping learning into the experience API [J]. ATD, 2014, 68 (1): 76-77.

情境预先定义），最后将应用事件映射为一组具有具体语境意义的陈述对象，从而记录完整的学习经历。

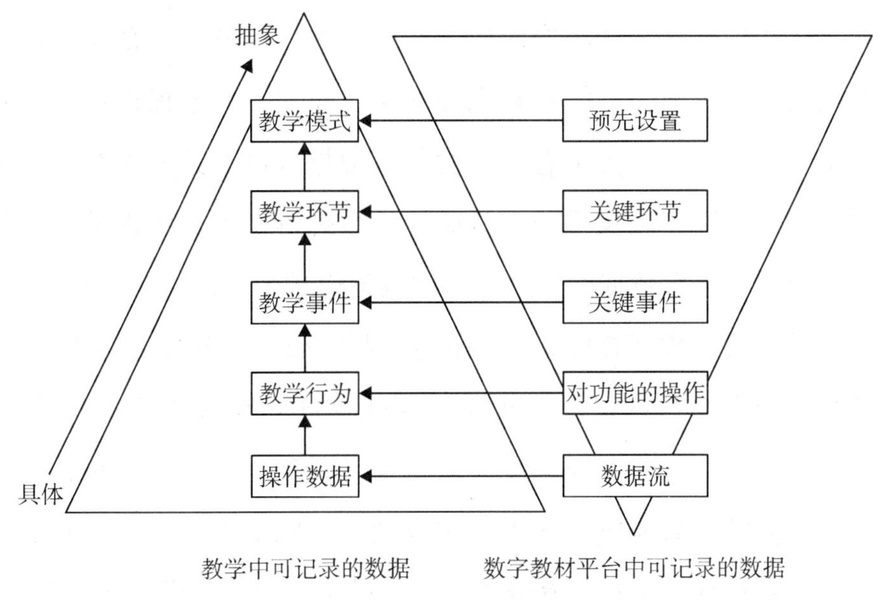

图 5-2　基于数字教材的教师应用经历及相应数据采集

xAPI 基于活动追踪的理念，能够为数字教材用户数据采集提供比较好的表述方式。比如，教师通过教学终端基于数字教材开展的阅读教材、准备资源、发布练习、查看学生答题反馈等工作都是非常重要的教学活动。以作答练习为例，其伴随的学习事件包括打开练习、提交答案、重新作答、查看答题结果等。细化学习事件发生的时间及情境等信息则是一条 Statement。这为完整记录教师使用数字教材的教学活动提供了指导框架。①

2. **基于数字教材的教师动态生成性行为数据存储与共享**

在常规教学中，教师往往使用多个教学平台和系统。各类应用

---

① 王冬青，李海霞，严珍. 基于 xAPI 规范的数字教材用户数据采集与资源推送策略［J］. 教育信息技术，2017（4）：46-49，41.

系统均采用独立部署、独立访问的模式进行建设，在整体架构上缺乏统筹规划，未建立应用的统一接入、发布以及管理手段，从而导致了系统之间的消息无法流通、数据无法交换、业务操作不连贯等问题。这些信息孤岛已经形成稳定的数据源，但各个子系统之间的数据缺乏统一标准，不能做到充分共享，非常不利于提供统一的数据采集和应用服务。大量有价值的教育数据分散在这些系统中，由于缺乏有效的统一收集手段，从而导致数据资源的极大浪费、无法应用，导致基于大数据的信息化辅助教学模式未能得到有效发展。

建设开放的数字教材课程云平台，制定统一的开放标准和服务，构建科学合理的系统架构、开放互联的教育基础软硬件支撑平台，不仅能解决数据互联互通问题，消除信息孤岛，实现资源整合与共享，而且能够灵活地应对未来需求发展。在此平台上可以开发建设丰富多样的教育应用和教育资源，并提供统一用户管理、统一认证、统一数据管理等服务。教师可以在平台分享各自的生成性资源；数字教材课程云平台的建设只有规范建设数据标准，集中业务数据通道，合理利用数据分析模型，不断优化和调整，准确呈现相关分析结果，才能发挥大数据服务教育教学和教育决策的能力，实现教育教学的智能化，提升教育管理与服务水平。

xAPI 能够促进数字教材动态生成性行为数据的聚合、交互和应用，即数字教材课程云平台通过设置 xAPI 配置文件，与配套资源平台遵循包括操作者（Actor）、动作（Verb）、对象（Object）、结果（Result）、情境（Context）、时间戳（Timestamp）等相同的约定，采集的数据经过预处理后，以 JSON 或 XML 的格式同步到云平台的数据库。任何设备和系统只要遵从 xAPI 规范，便可以向 LRS 传输数据。应用数据分析系统只要获得 LRS 的授权便可以从中获取数据，系统可以对数据进行分析、可视化、呈现等处理，但这些处理方式并不由 LRS 来决定。这种将数据、服务、应用解耦处理的方式，使教育数据服务更加灵活、易于扩展，为数字教材的大数据应用提供了一种新的数字服务范式。

3. 改进方向

xAPI 作为学习经历数据收集的规范，有助于为学习分析提供各种粒度的实时信息，从而完成对学习经历的实时跟踪。可是，在传统的独立信息系统支撑的教学模式中，xAPI 的特性无法最大限度地发挥。在数字教材日益普及的大背景下，人们通过数字教材备课、学习、授课、完成作业等已经成为常态，几乎所有的交互、协作都可以在数字教材上展开，而且教师在数字教材应用中交互、共享、学习的意愿也较为强烈，这为 xAPI 采集教师教学活动中的应用经历创造了机会。学习经历的语义定义并不在 xAPI 的规范之内，只有极少数的术语由于技术上的必要性而被强制定义，大部分语义都由社区来定义。

xAPI 提供了一种可扩展的模式来实现应用经历数据中的语义定义。在不同的领域中，动作和活动的含义也会有所差别，而且随着技术的发展也会出现新的动作、活动。例如，当出现新的学习情境时，用户可以根据动作、活动模型扩展出适合新的学习情境的动作、活动，并且这种动作、活动也能被遵循 xAPI 规范的其他系统所识别。因此定义一套遵从 xAPI 规范的适用于数字教材的教师行为语义，是开展基于数字教材的教师动态生成性行为数据分析的基础。①

---

① 顾小清，郑隆威，简菁. 获取教育大数据：基于 xAPI 规范对学习经历数据的获取与共享［J］. 现代远程教育研究，2014（5）：11.

四、基于数字教材的教师动态生成性行为数据分层描述框架

教师的教学常规是由一系列具有时间序列的教学事件或活动组成的，对事件进行记录并归类到教学环节之中，通过教学环节的时间序列进行组合就形成了教学模式。本部分详细分析了基于数字教材的教师动态生成性行为数据的采集方法，该方法借鉴了杜洪（Duhon）将 xAPI 中学习经历数据的形成过程分解为三个步骤，即"经历—事件—陈述"（Experience to Events to Statements，EES）[①] 的观点。

该方法以教学模式（教学环节）、教学事件与操作行为分层框架描述数字教材应用数据，逐层从抽象到具体来描述教师教学过程（如图 5-3 所示），即通过预设或者偏好设置的方式设置教师采用的教学模式，并在备课时在平台上先做设置；然后将教学模式分解为教学环节，再结合情境来分析教学环节中具体的一系列教学事件，最后使用行为数据来描述教学事件。在底层使用 xAPI 规范，采用"操作者（Actor）+动作（Verb）+对象（Object）"的方式记录数字教材应用中的教师关键行为，并支持设置包括结果（Result）、情境（Context）、时间戳（Timestamp）等信息。

① DUHON R. Mapping learning into the experience API [J]. ATD, 2014, 68 (1): 76-77.

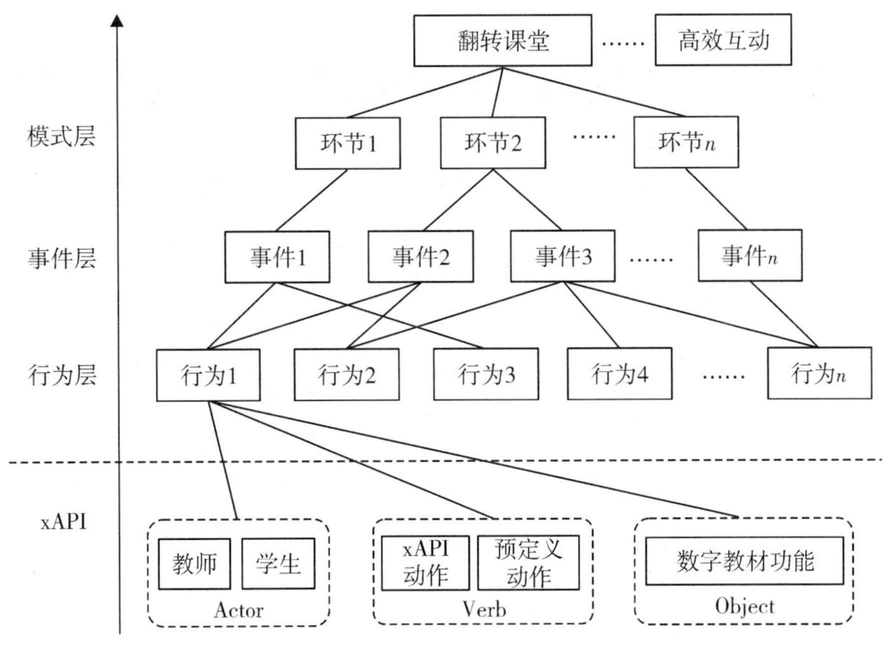

图 5-3　基于数字教材的教师动态生成性行为数据分层描述框架

1. 行为层

xAPI 遵从活动流规范，定义了如何生成和采集学习活动流数据，并将这些数据组织到有意义的学习情境中。它采用一种可互操作的方法，通过基于学习的活动流将学习经历数据进行封装。xAPI 采用的活动流主要包含三种元素：预定义的操作者（Actor）、预定义的动作（Verb）以及与应用经历相关的活动（Activity），因此本研究采用“操作者（Actor）+动作（Verb）+对象（Object）”的方式描述教师的数字教材应用行为，其中 Actor 包含对象主要是教师，有时也记录学生或者教研团队；Verb 是动作，是指教师、学生或教研团队对数字教材的外显使用行为。基于前面章节对数字教材的使用需求的分析，Verb 动作列表如表 5-2 所示：

表 5-2　Verb 动作列表

分类	动作	解释	发起角色
平台管理	Registered	注册	教师/学生
	Login	登录	教师/学生
	Logout	注销	教师/学生
	Click	点击	教师/学生
资源管理	Viewed	查看	教师/学生
	Added	添加	教师/学生
	Upload	上传	教师/学生
	Download	下载	教师/学生
	Shared	共享	教师/学生
	Deleted	删除	教师/学生
	Started	开始	教师/学生
	Terminated	结束	教师/学生
	Asked	提问	教师/学生
	Found	查找	教师/学生
	Selected	选择	教师/学生
	Commented	点评	教师/学生
	Discussion	讨论	教师/学生
	Responded	回应	教师/学生
	Exited	退出	教师/学生
	Shared	分享	教师/学生
	Launched	发布	教师/学生
	Liked	点赞	教师/学生
	Opened	打开	教师/学生
	Collected	收藏	教师/学生
活动组织	Created	创建	教师
	Attempted	尝试	教师
	Setting	设置	教师
	Corrected	批改	教师
	Cited	引用	教师
	Edited	编辑	教师
	Imported	输入	教师

(续上表)

分类	动作	解释	发起角色
活动组织	Send	发送	教师
	Arranged	布置	教师
	Watched	观看	学生
	Suspended	暂停	学生
	Completed	完成	学生
	Answered	回答	学生
	Submitted	提交	学生

Object 指教师、学生或教研团队行为动作的对象。基于前面章节对数字教材应用功能的设计描述，Object 对象列表如表 5-3 所示：

表 5-3　**Object 对象列表**

对象	解释	采集数据
Write	书写	场景 ID、启用与结束时间、书写内容
Assignment	作业	启用与结束时间、使用时长、使用频次、平均使用时长、课前预习/课堂检测/课后作业/单元检测/专题测试/拓展作业/资料分享的使用频次
Resource	资源	场景 ID、启用与结束时间、下载的资源 ID、资源总数
Record Lesson	录课	启动与退出时间、内容
Textbook	教材	教材版本、年级、学科
Activity	活动	启用与结束时间、使用时长、使用频次、平均使用时长
Course	课程	启用与结束时间、使用时长、使用频次、平均使用时长
Courseware	课件	启用与结束时间、使用时长、使用频次、平均使用时长
Document	文件	场景 ID，启用时间，添加文件的名称、格式、大小
Word	文字	场景 ID、启用时间
Individual Space	个人空间	启用与结束时间、使用时长、使用频次、平均使用时长
Graph	图表	场景 ID、启用与结束时间、名称、学科属性

（续上表）

对象	解释	采集数据
Spotlight	重点	场景 ID、启用与结束时间、保存
Distribute	分发	场景 ID，启用时间，学生 ID，内容类型、大小和具体文件
File Sharing	文件分享	场景 ID，启用与结束时间，文件的名称、格式、类型、大小
Screen	屏幕	场景 ID、启用与结束时间、分享的内容
Instantaneous Interaction	实时互动	场景 ID、启用与结束时间、活动总题目数、选择题数、判断题数、投票题数
		提交人数、提交名单、单个学生交卷时间、答题时长
		题目内容、投票人数、投票名单、投票提交时间与时长、分组学生名单和人数
Case Presentation	课堂展示	场景 ID，启用与结束时间，展示学生 ID、内容、最终小组代表名单、提交和未提交的小组列表
Students Share Screen	学生投屏	场景 ID，启用与结束时间，投屏学生的 ID、姓名、提交时间、个数和顺序
Lock Screen	锁屏	场景 ID、锁屏时间、解锁时间、被锁屏学生 ID、操作类型
Countdown	倒计时	场景 ID、启用与结束时间、时长、中断次数、清零次数
Responder	抢答	场景 ID，启用与结束时间，抢答学生 ID、排名、用时
Asked	随机提问	场景 ID、开始时间、被选中的学生 ID
Learning Tool	学习工具	场景 ID、启用与结束时间、启用的 App 名称、启用时间、调用时长、使用记录
Screenshot/ Hotspot/ Baffle/ Background/ Amplification/ Shrink	截图/热点/障碍/背景/放大/缩小	场景 ID、启用时间

（续上表）

<table>
<tr><th>对象</th><th>解释</th><th colspan="2">采集数据</th></tr>
<tr><td rowspan="5">Student Directories</td><td rowspan="5">学生名录</td><td colspan="2">场景 ID、启用与结束时间、班级/分组名录</td></tr>
<tr><td rowspan="4">名录工具</td><td>场景 ID、启用与结束时间、关注类型、关联功能</td></tr>
<tr><td>场景 ID、启用与结束时间、分屏学生 ID 及位置信息分屏方式、分屏来源、投票时间、投票得数、时长</td></tr>
<tr><td>场景 ID、启用时间、刷新类型、刷新学生 ID</td></tr>
<tr><td>场景 ID、点赞/减赞/集赞时间、点赞/减赞/集赞者 ID、被点赞/减赞/集赞者 ID、点赞/减赞/集赞总次数</td></tr>
<tr><td>Photograph</td><td>拍照</td><td colspan="2">场景 ID、启用时间、拍照者 ID</td></tr>
<tr><td>Class Note</td><td>课堂笔记</td><td colspan="2">启用时间、使用频次</td></tr>
<tr><td>Brush</td><td>画笔</td><td colspan="2">启用时间、使用频次</td></tr>
<tr><td>Mobile Tool</td><td>移动工具</td><td colspan="2">操作方式、同步工具使用次数、非同步工具使用次数、记录内容</td></tr>
<tr><td>Like/Collect Likes</td><td>点赞/集赞</td><td colspan="2">场景 ID、点赞/集赞时间、点赞/集赞者 ID、被点赞/集赞者 ID</td></tr>
<tr><td>Micro-lecture</td><td>微课</td><td colspan="2">启用与结束时间、使用时长、使用频次、平均使用时长</td></tr>
<tr><td>Calendar</td><td>日历</td><td colspan="2">启用时间、使用频次</td></tr>
<tr><td>Import/Export/Notebook/Collect</td><td>导入/导出/笔记本/收藏</td><td colspan="2">场景 ID、启用时间、内容</td></tr>
</table>

2. 事件层

教师的教学常规是由一系列具有时间序列特征的活动或事件组成的[①]，关键事件是指教师在整个过程中对教学效果起到关键作用的技术与规程，它是由行为层提供的一系列教学行为组成的。事件层

① WANG H Y, LIU T C, CHOU C Y, et al. A framework of three learning activity levels for enhancing the usability and feasibility of wireless learning environments [J]. Journal of educational computing research, 2004, 30 (4): 331-351.

在行为层的描述形式上增加了情境信息，描述形式为“操作者（Actor）+动作（Verb）+对象（Object）+情境（Context）”。情境是教学过程中的重要因素，本研究采用了韩立等人的方法[①]，经过三个阶段进行自动获取，即情境分类、情境表示与情境处理。基于数字教材的情境采集数据如表 5-4、表 5-5 所示。

表 5-4　基于数字教材的情境采集数据（一）

<table>
<tr><th>类型</th><th>用户与设备</th><th colspan="3">采集数据</th></tr>
<tr><td rowspan="7">直接情境数据</td><td rowspan="3">用户数据</td><td>基本数据</td><td colspan="2">姓名、角色、班级、所属学校、年龄、性别、学历、学科</td></tr>
<tr><td>表现数据</td><td colspan="2">参加应用培训次数、参加教研活动次数、参加培训学习时长、参加培训得分情况</td></tr>
<tr><td>偏好数据</td><td colspan="2">课前高频使用工具/资源、课中高频使用工具/资源、课后高频使用工具/资源</td></tr>
<tr><td rowspan="3">设备参数</td><td>基本参数</td><td colspan="2">设备品牌、设备机型、CPU 类型、系统版本、应用版本</td></tr>
<tr><td rowspan="2">应用参数</td><td>登录账户数</td><td>上次登录时间、角色、当前及历史账号</td></tr>
<tr><td colspan="2">登录总次数、平均时长</td></tr>
<tr><td>运行性能</td><td colspan="3">移动设备温度、可用 CPU 占比、可用内存量、设备当前电量、设备屏幕亮度、异常信息</td></tr>
</table>

① 韩立，刘正捷，李晖，等. 基于情境感知的远程用户体验数据采集方法［J］. 计算机学报，2015，38（11）：2234-2246.

表 5-5　基于数字教材的情境采集数据（二）

<table>
<tr><th>类型</th><th>教学过程</th><th>教学场景</th><th colspan="3">采集数据</th></tr>
<tr><td rowspan="19">间接情境数据</td><td rowspan="8">课前（备课）</td><td rowspan="4">云平台</td><td>备课数据</td><td colspan="2">备课数量，备课时长，备课时间，备课、上课时间差，备课模式使用次数</td></tr>
<tr><td rowspan="3">资源数据</td><td colspan="2">使用资源数量、使用推荐资源数量、资源类型、资源格式</td></tr>
<tr><td>添加资源方式</td><td>资源库、讨论活动、本地文件、试卷库、网络链接、智能组卷、手工组卷</td></tr>
<tr><td>文件类型</td><td>PPT、视频、音频、文本等</td></tr>
<tr><td rowspan="2">数字教材</td><td colspan="3">备课使用次数、教师/学生使用时长、添加资源类型与数量</td></tr>
<tr><td>使用功能次数</td><td colspan="2">聚光灯、放大镜、画笔、笔记、书签</td></tr>
<tr><td rowspan="2">作业或任务</td><td colspan="3">发布次数、批改次数、设置范例次数</td></tr>
<tr><td>发布类型</td><td colspan="2">视频、音频、图片、试卷、讨论活动</td></tr>
<tr><td rowspan="11">课中（授课）</td><td rowspan="3">云平台</td><td colspan="3">授课次数、授课时长、不同模式占比、查看范例次数</td></tr>
<tr><td>上课数</td><td colspan="2">PPT、数字教材、电子白板、混合型</td></tr>
<tr><td>调整教材顺序次数</td><td colspan="2">各单元间、各单元内、单节课内</td></tr>
<tr><td rowspan="4">互动白板</td><td colspan="3">启用与退出时间、白板序数、使用时长</td></tr>
<tr><td rowspan="3">功能操作次数与时长</td><td colspan="2">聚光、屏幕广播、屏幕分享、学生投屏、抢答、倒计时、随机提问、学习工具、文件、资源、录课、书写、触摸、学生名录、活动开启</td></tr>
<tr><td colspan="2">实时互动</td></tr>
<tr><td colspan="2">录课</td></tr>
<tr><td rowspan="4">互动课件</td><td colspan="3">启用与退出时间</td></tr>
<tr><td>基本属性</td><td colspan="2">名称、学段、学科、版本、年级、学期、单元、课程名</td></tr>
<tr><td rowspan="2">场景类型</td><td>备课活动</td><td>启用与退出时间、使用嵌入资源类型、时间和时长</td></tr>
<tr><td>教师资源/课堂资料</td><td>启用与退出时间</td></tr>
</table>

（续上表）

<table>
<tr><th>类型</th><th>教学过程</th><th>教学场景</th><th colspan="4">采集数据</th></tr>
<tr><td rowspan="13">间接情境数据</td><td rowspan="13">课中（授课）</td><td rowspan="7">互动课件</td><td rowspan="5">场景类型</td><td rowspan="2">单项选择/多项选择/填空/排序/投票/闯关</td><td colspan="2">启用与退出时间、题目序数、单道试题提交人数比、单道试题提交名单、提交答案、试题答案正误、提交时间、答题用时</td></tr>
<tr><td>单道试题内容</td><td>题干、选项数量与内容、正确答案</td></tr>
<tr><td>汉字学练</td><td colspan="2">启用与退出时间、汉字数量与内容、单字得分比</td></tr>
<tr><td>单个汉字</td><td colspan="2">作答、书写规范端正，合格的人数和姓名，未答、笔顺错误的人数与姓名</td></tr>
<tr><td>整体评价</td><td colspan="2">良好人数、一般人数、未提交人数、成绩分布情况</td></tr>
<tr><td rowspan="2">场景操作</td><td>一般操作工具</td><td colspan="2">重点、屏幕广播、屏幕分享、实时互动、学生投屏、抢答、倒计时、随机提问、学习工具、文件、资源、录课、书写、触摸、学生名录、活动开启</td></tr>
<tr><td>课件制作相关工具</td><td colspan="2">文字、截图、热点、障碍、背景、放大</td></tr>
<tr><td rowspan="3">PPT课件</td><td colspan="4">启用与退出时间</td></tr>
<tr><td>基本属性</td><td colspan="3">名称、学段、学科、版本、年级、册次、章节、课程名</td></tr>
<tr><td>场景操作</td><td colspan="3">重点、屏幕广播、屏幕分享、实时互动、学生投屏、抢答、倒计时、随机提问、学习工具、文件、资源、录课、书写、触摸、学生名录、活动开启</td></tr>
<tr><td rowspan="3">系统桌面</td><td colspan="4">启用与退出时间</td></tr>
<tr><td>基本属性</td><td colspan="3">资源类型、名称、内容</td></tr>
<tr><td>场景操作</td><td colspan="3">重点、屏幕广播、屏幕分享、实时互动、学生投屏、抢答、倒计时、随机提问、学习工具、文件、资源、录课、书写、触摸、学生名录、活动开启</td></tr>
</table>

（续上表）

<table>
<tr><th>类型</th><th>教学过程</th><th>教学场景</th><th colspan="3">采集数据</th></tr>
<tr><td rowspan="17">间接情境数据</td><td rowspan="17">课中（授课）</td><td rowspan="6">学习设计</td><td colspan="3">启用与退出时间</td></tr>
<tr><td>基本属性</td><td colspan="2">名称、学段、学科、版本、年级、册次、章节</td></tr>
<tr><td>资源属性</td><td colspan="2">名称、类型、打开与关闭时间、使用嵌入资源时长、批量下载次数</td></tr>
<tr><td>单个学生</td><td colspan="2">每个步骤的开始时间、结束时间、提交时间、完成用时、完成状态（已完成、未完成），整体的完成状态、完成率、达成率</td></tr>
<tr><td>班级整体</td><td colspan="2">教师批阅率、达成率、整体的作答情况、已作答人数、未作答人数、完成率、未完成率</td></tr>
<tr><td>场景操作</td><td colspan="2">重点、屏幕广播、屏幕分享、实时互动、学生投屏、抢答、倒计时、随机提问、学习工具、文件、资源、录课、书写、触摸、学生名录、活动开启</td></tr>
<tr><td rowspan="5">数字教材</td><td colspan="3">启用与退出时间</td></tr>
<tr><td>下载资源方式</td><td colspan="2">只下载课本、只下载资源、分章节下载某几个资源、下载资源的文件大小</td></tr>
<tr><td>基本属性</td><td colspan="2">名称、学段、学科、版本、年级、册次、章节、课程名</td></tr>
<tr><td rowspan="2">场景操作</td><td>一般操作</td><td>画笔、荧光笔、橡皮、图形、重点、障碍、放大、拍摄、文件、资源库、文字、热点、截图</td></tr>
<tr><td>独有操作</td><td>导出备课、导入备课、笔记、收藏</td></tr>
<tr><td rowspan="6">作业/课堂检测</td><td colspan="3">启用与退出时间</td></tr>
<tr><td>布置作业</td><td colspan="2">数量、名称、时间、时间段、适用科目、类型、班级和学生</td></tr>
<tr><td rowspan="2">作业提交</td><td colspan="2">已提交人数比例、已提交名单比例</td></tr>
<tr><td>试卷状态</td><td>已发布、答题中、待批阅、批阅完成</td></tr>
<tr><td>批阅/讲题/查看作业</td><td colspan="2">启用与退出时间、批阅作业份数、查看哪些作业</td></tr>
<tr><td>统计分析</td><td colspan="2">作业统计、自主训练和班级错题本的启用与退出时间</td></tr>
</table>

（续上表）

<table>
<tr><th>类型</th><th>教学过程</th><th>教学场景</th><th colspan="2">采集数据</th></tr>
<tr><td rowspan="18">间接情境数据</td><td rowspan="8">课中（授课）</td><td rowspan="8">作业/课堂检测</td><td>创建试题</td><td>启用与退出时间、试题基本信息（目录和题型）、不同题型数量、创建试题总数</td></tr>
<tr><td rowspan="2">备选试题</td><td>启用与退出时间</td></tr>
<tr><td>生成试卷时间、数量</td></tr>
<tr><td rowspan="3">创建试卷</td><td>启用与退出时间</td></tr>
<tr><td>创建试卷数量</td></tr>
<tr><td>试卷中添加系统试题的数量、创建新试题的数量以及各自所占的比例</td></tr>
<tr><td>创建答题卡</td><td>启用与退出时间、生成答题卡的数量</td></tr>
<tr><td>场景操作</td><td>重点、屏幕广播、屏幕分享、实时互动、学生投屏、抢答、倒计时、随机提问、学习工具、文件、资源、录课、书写、触摸、学生名录、活动开启</td></tr>
<tr><td rowspan="10">课后</td><td rowspan="5">作业发布</td><td colspan="2">作业发布数、含任务的课程数占比</td></tr>
<tr><td>个性化作业发布数</td><td>分班级发布、分小组发布、分学生个体发布</td></tr>
<tr><td>各环节发布作业任务占比</td><td>发布课前任务、发布课中任务、发布课后任务</td></tr>
<tr><td>发布内容的分布</td><td>微课、素材、讨论活动、试卷</td></tr>
<tr><td>活动作业的提交方式</td><td>文本、图片、音频、视频</td></tr>
<tr><td rowspan="3">作业批改</td><td colspan="2">批改份数</td></tr>
<tr><td colspan="2">评论次数</td></tr>
<tr><td colspan="2">评语长度</td></tr>
<tr><td rowspan="2">学情分析</td><td>学情分析次数</td><td>分析班级学情、分析学生个体学情</td></tr>
<tr><td colspan="2">学情分析时长</td></tr>
</table>

(续上表)

类型	教学过程	教学场景	采集数据
间接情境数据	课后	学生错题集	按照学生查看
			按照章节查看
			按照知识点查看

3. 模式层

“教学有法，教无定法”，教师在教学过程中可以结合教学内容，灵活地选择工具、内容组织课堂教学，创新教学模式。比如在云互动课堂环境下，借助数字教材课程云平台就可以开展高效互动课堂应用模式。平台的学程设计功能主要分为“学前诊断、任务情境、知识呈现、互动生成、课堂评价、教学补救、知识系统化”七个环节。教师在备课阶段，可以先用手动设置的方式预设好要采用的教学模式。为了后续的分析，教师在备课过程中还需要建立起教学环节和教学事件之间的关联。系统在经历“冷启动”阶段后，就可以逐渐生成教师的教学偏好，之后可从偏好数据中得到教师的主要教学模式。

第六章 基于数字教材的教师动态生成性行为数据分析方法

数字教材课程云平台在持续输出优质教育资源的同时，以云计算、大数据技术为驱动力，提供包括管理、教学、学习、辅导在内的一站式教育服务，支持数字教材、PPT 等不同场景的课堂教学方式，支持翻转课堂、任务式教学等多种教学模式。教师可以一站式解决教育教学的问题，利用平台内的数字教材和数字资源备课、授课。

数字教材是教育大数据、学习分析等技术的落地应用载体，为相关的学习场景优化提供了技术环境，为教师教学和管理模式的变革提供了基础载体，让协同构建数据驱动的智慧教育新生态成为可能。数字教材课程云平台解决了教育资源因缺乏统一的标准，导致资源分散难管理，最终形成各平台数据孤岛的问题，充分实现了优质教育资源共建共享，避免了重复建设与资源浪费。数字教材的应用需求拉动了教育智能技术的融合升级，从数据连接和数据安全、教育计算与智能推荐、教学内容优化呈现等方面支持教师的智慧教学。在数字教材技术赋能教学环境和内容的基础上，从不同的教学情境出发，数字教材教师应用数据的收集和分析，推动了教师的专业发展，提升了中小学教育综合治理水平。本章从构建数字教材数据分析模型出发，重点探讨了学习分析与教育数据挖掘的相关算法，构建基于数字教材的教师动态生成性行为数据分析框架及对分析结果进行讨论。

一、数字教材数据分析模型

教师教育教学情况的评价是贯穿中小学教师教学常规全过程的重要内容，为了做好对教师教育教学情况和学生学习质量的精准评价，学习分析成为大数据在教育领域应用的趋势之一。利用先进的评价分析方法，从不同角度分析和反馈教师教育教学情况，通过数据分析为教育系统的各级决策提供参考，是引导教师改进教学方法、提高教学质量的重要手段，也是教育行政部门、中小学的迫切需求。对教师应用数字化在线教学平台的状态、行为、阶段教学结果等数据的提取、归类、分析和总结，有助于判断教师教学特征偏好，动态检测教师教学状态，及时调整教师教学方法与内容，促进教师信息技术应用能力提高和专业发展。基于数字教材的教师动态生成性行为数据分析系统，用于评估教师对数字教材、数字化教学资源的使用情况，跟踪评测教师在备课、授课、处理作业、分析学生学情等环节的情况。可为不同身份的用户（教学组织者、教研员、教师等）提供个性化服务页面，根据数字教材及配套资源的应用情况为用户推送相关的教学资源、分析评价报告等。

本研究提出了基于数字教材的教师动态生成性行为数据分析系统结构（如图 6-1 所示），该系统采用先进、灵活、开放的云计算基础架构，采用“云服务+网络+终端”三位一体的技术解决方案。“云服务”对于上传到“云端”的数据进行数据处理，包括挖掘极大频繁序列、分析课堂结构等。“终端”（包括 PC、智慧课堂平板、教室一体机等）汇聚教师在数字教材应用中的动态生成性行为数据、表现数据、学生反馈数据等。

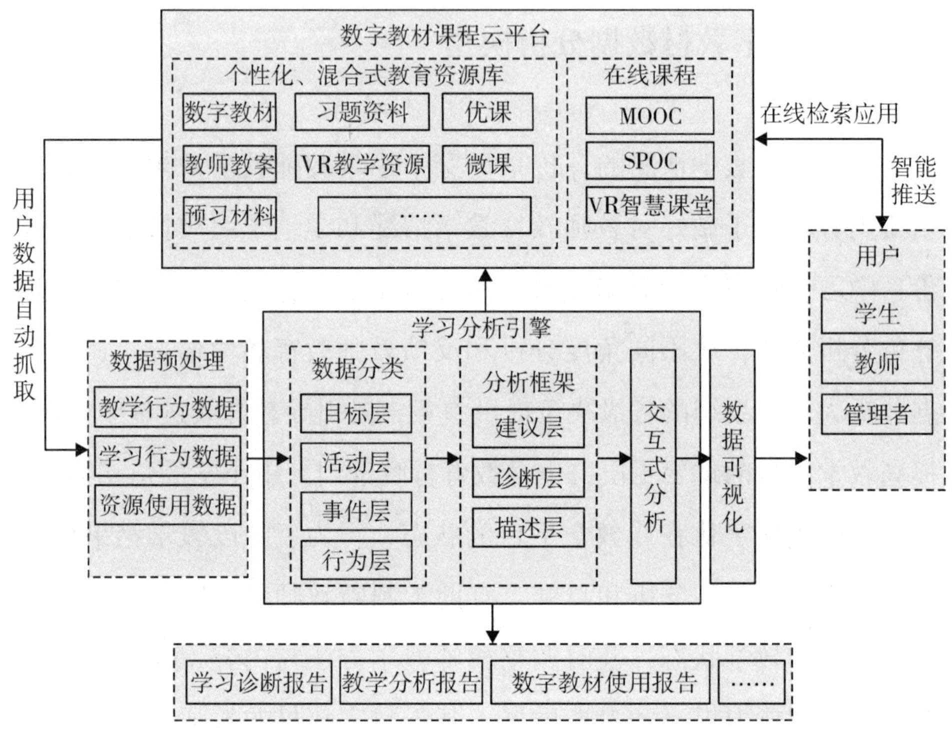

图 6-1　基于数字教材的教师动态生成性行为数据分析系统结构

系统提供数据分析服务，利用各种分析工具，基于用户的基础数据、行为数据等，对教师行为进行动态分析，为推送个性化资源、分析与诊断教学情况、课堂精细化管理提供技术支持。

平台提供数字学习与实践数据分析报告，充分结合信息化发展需要，立足于解决数据可视化的难题，打造统一的可视化展示出口，如集成饼状图、柱状图、3D 组件、GIS 地图组件等前端展示模块，并且内嵌多套分析展示模板，支持灵活配置及快速响应需求变化。

二、数字教材应用数据分析框架

指标的选择直接影响着教育数据分析的准确性及实际效果。王冬青等对智慧课堂进行数据分析，从教育大数据的角度考虑，从低到高分为描述层、诊断层、建议层。[①] 本研究借鉴了此类分层思想，并根据数字教材的应用特点，将数字教材应用数据分析框架分为行为数据层、描述层、分析层和推送层，如图 6-2 所示。

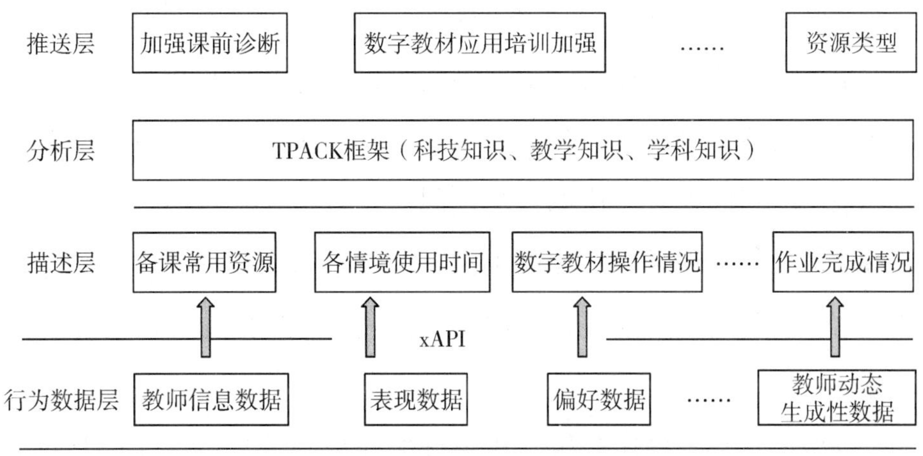

图 6-2　数字教材应用数据分析框架

行为数据层：使用 xAPI 记录采集的数据，包括了教师信息数据、表现数据、偏好数据和基于数字教材的教师动态生成性行为数据。其中教师动态生成性行为数据包括：①数字教材课程云平台的

① 王冬青，刘欢，邱美玲. 智慧课堂教师行为数据的分析方法与应用验证［J］. 中国电化教育，2020（5）：120-127.

访问数据，包括在备课阶段对数字教材、题库、作业和任务等的访问次数、时长、类型、达成率等数据；②数字教材中各类资源交互中的操作数据，包括资源名称、学段、学科、版本、年级、学期、单元、课程名、启动与退出时间、使用时长、教师资源使用类型与时长、一般操作工具使用次数与时长、课件制作相关工具使用次数与时长等；③数字教材平台授课工具的使用数据，包括重点、屏幕广播、屏幕分享、实时互动、学生投屏、抢答、倒计时、随机提问、学习工具、文件、资源、录课、书写、触摸、学生名录、活动开启的场景、每次启用时间/退出时间、关联功能等。针对数据来源存在的教师无效操作（比如数据显示教师打开某资源和操作另一个工具的时间间隔不足 2 秒），需要在数据记录层对数据进行处理。

描述层：通过标注教学事件的信息，将行为数据层散乱的数据描述为有具体意义的事件信息。该层主要记录每一类事件发生的行为类型、时间序列等。比如：统计同一位教师在一段时间内多节课的备课信息，发现常用资源的类型；统计教师在授课期间常使用的教学情境；统计教师在数字教材操作中的高频行为，发现操作习惯等。

分析层：基于描述分析、相关分析或聚类分析等方法，精准解析教师行为，确定教师行为等级，为教师用户提供可视化图表。分析层借鉴了 TPACK 框架[①]对教师的应用情况进行描述，如图 6-3 所示。

① SCHMIDT D A，BARAN E，THOMPSON A D，et al. Technological pedagogical content knowledge (TPACK)：the development and validation of an assessment instrument for preservice teachers [J]. Journal of research on technology in education，2009，42 (2)：123-149.

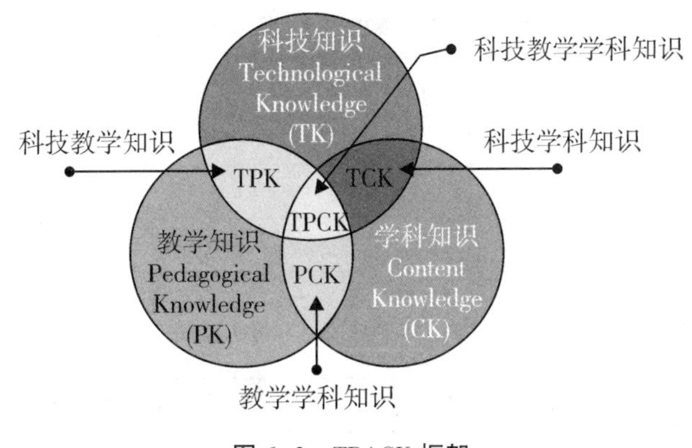

图 6-3　TPACK 框架

在 TPACK 框架中，把收集到的相关数据，用 T、P、C 三大模块来呈现和分析：① T 指科技，对课堂上进行的各项工具操作、老师的教、学生的学，以及专家观察到的数据进行统计，将教学过程和行为可视化，以图像的形式直观呈现各行为在次数和时间上的关系。② P 指教学。此维度对老师、学生的行为数据作进一步的分析，生成师生主导趋势图，预测课堂中生本决策、全班互动、小组学习、多元评价、个人学习、全班检测等方面的实施状态。③ C 指学科。评价 TPC 教学活动实施的指数，包括教学设计、教学过程、教学效果、技术应用与融合创新等。同时，建议教师在备课阶段使用专门设计的 TPC 教学活动设计表，该表模板如表 6-1 所示。在教学活动设计中，可以将 T、P、C 分别列表说明，以明确说明三种知识的设计内涵，分别把教学流程（P、C）、科技应用（T）、设计意图（P、C）详细加以解析，一方面可自我检视，另一方面可帮助诊断层理解教学设计的重要意图。

表 6-1　TPC 教学活动设计表模板

学段、学科		教材来源		
主题名称		教学对象		
设计者		教学时间		
教学资源				
能力指标				
教学目标				
教学模式	教学流程（P、C）	时间（分钟）	科技应用（T）	设计意图（P、C）

教师基于 TPC 教学活动设计表，详细构思以数字教材为核心的信息化课堂各阶段的教学流程、科技应用及设计意图，有助于检视教学流程是否充分运用了教学资源且采用了合适的教学方法，进而达成预期的教学目标。范例可参见珠海市香洲区第二十一小学李静老师设计的 TPC 教学活动设计表（见表 6-2）。

表 6-2　李静老师设计的 TPC 教学活动设计表（部分）

学段、学科	小学数学	教材来源	人教版小学数学五年级上册
主题名称	三角形的面积	教学对象	小学五年级学生
设计者	李静	教学时间	45 分钟
教学资源	Hiteach（IRS）系统、IRS 反馈器、希沃白板 5 课件、剪刀、三角形、直尺		
能力指标	提高学生的观察能力和合作探究能力，培养学生的数学思维和勇于探索的精神，帮助学生体会数学在生活中的应用。		

（续上表）

教学目标	1. 知识与技能目标：掌握三角形的面积计算公式，并能正确计算三角形的面积。 2. 过程与方法目标：让学生了解三角形面积公式的推导过程，通过操作、观察、比较，培养学生发现问题、提出问题、分析问题、解决问题的能力，以及合作、交流、评价的意识，发展空间观念和渗透转化、等积变形的数学思维。 3. 情感态度与价值观目标：在运用三角形面积公式解决问题的过程中，感受数学和实际生活的密切联系，体会学数学、用数学的乐趣。通过运用转化的思想探索知识，感悟数学知识内在联系的逻辑之美，体会学习方法的重要性。			
教学模式	教学流程（P、C）	时间（分钟）	科技应用（T）	设计意图（P、C）
激趣引入，渗透拼组	（一）出示拼图，激趣引入 师：同学们，今天老师带来一副好玩的拼图，你们猜猜是什么？（正方形、三角形——七巧板）你们会拼吗？ 师：我们来拼一拼，比一比，看看谁是拼图小达人。谁想玩？这么多同学想玩，那么我们用抢权决定吧！请准备好反馈器。（抢权 2 人，上台玩游戏） （二）移动拼图，感受拼组 1. 2 名学生比赛拼七巧板。 2. 初步感受拼组在图形面积中的作用。 师：同学们，几何世界很奇妙，七巧板是把我们学过的图形拼组成一个正方形。这个拼的方法在我们研究图形面积的时候经常用到。那这节课我们将要学习的“三角形的面积”是否需要用到这种方法呢？我们先留个疑问。 （三）回顾割补，重现推导 1. 随机挑人回顾平行四边形面积公式的推导过程。 2. 启发学生思考将该推导方法和推导步骤运用到本节课的学习中。	5	数字教材（利用蒙层功能，逐步擦除蒙层，让学生猜猜是什么图形，激发学生的兴趣）。 抢权。 在授课模式下，利用数字教材课件模块能移动的特点，设计一个 3 人拼图比赛游戏。 计分板挑人。	通过生活中熟悉的七巧板导入，贴近学生生活，让学生知道生活中处处有数学。 分别给获胜和参与比赛的学生加分，提高学生学习的积极性。 随机挑人，客观、全面、有效地考查学生的学习基础。

推送层：生成有针对性的图表，总结教师使用数字教材的行为模式或风格，为教师改进教学方法提供建议。建议报告可分为三个部分，分别利用大数据统计教师的科技（T）、教学（P）、学科（C）三个方面的情况和反馈。在可视化方面，通过次数、时长累计柱状图，以及雷达分布图和时间分布图等来辅助展示。一般通过两种方式提出建议，一是经过专家对大量教师的应用数据进行人工反馈后，运用自然语言分析方法提取主要的评价和建议内容，作为预设的建议，比如“合理选用信息技术、数字资源和信息化教学设施”“技术操作不够熟练、自然，需要加强信息技术与数字资源运用的充分性、有效性”“课件内容设计合理，素材适当、科学、正确，尚需加强表现方式和交互性”。二是采用人工辅助的形式，提供更为精准的建议。

三、教育数据采集和挖掘方法

近年来教育工作者们越来越认识到教育数据对于提升教师专业能力的重要价值，教师动态生成性行为数据挖掘逐渐成为数据挖掘领域最新的研究方向。现有的教育数据采集模型研究主要包含数据采集内容、采集技术、采集标准与规范等方面。[①] 采集内容主要包括

① 马志强，岳芸竹. 面向即时数据采集与分析的学习投入纵向研究：基于经验取样法与交叉滞后分析的综合应用［J］. 电化教育研究，2020，41（4）：71-77；王冬青，韩后，邱美玲，等. 基于情境感知的智慧课堂动态生成性数据采集方法与模型［J］. 电化教育研究，2018，39（5）：26-32.

人机交互行为数据、学习情境数据及学习资源等[①]，目前采集的数据主要是人机交互行为数据，且集中在智慧课堂和在线学习平台环境下，体现的是师生与环境中工具、资源等的交互。采集方式主要有平台采集、视频录制、图像识别、物联感知等。[②] 关于采集标准与规范，xAPI 规范因支持数据弹性交换被逐渐用于数据的采集[③]，研究者基于 xAPI 规范开展了大量数据模型建构研究，包括基于 xAPI 规范建立在线教学活动数据采集模型[④]；基于 xAPI 规范构建游戏活动中学生的知识预测模型，以此进行教学评价[⑤]；将 xAPI 规范用于分析在线学习行为与学习结果的关系，进行自适应学习预测[⑥]；借助 xAPI 规范设计学习者画像以此作为后续学习者分类的基础[⑦]等。

现有的数据分析技术与工具主要有预测（回归分析、决策树等）、聚类（聚类、离群点分析）、关系挖掘（频繁项集挖掘、关联

---

① 牟智佳. 多模态学习分析：学习分析研究新生长点［J］. 电化教育研究，2020，41（5）：27-32，51；吕莉，张屹. 基于 Web 服务的网络学习行为采集研究现状［J］. 开放教育研究，2009，15（3）：99-104；徐晖，仇宏斌，李艺，等. 基于数字采集设备的汉字书写质量评价研究［J］. 现代教育技术，2016，26（12）：38-43.

② 柴唤友，刘三女牙，康令云，等. 教育大数据采集机制与关键技术研究［J］. 大数据，2020，6（6）：14-25；邢蓓蓓，杨现民，李勤生. 教育大数据的来源与采集技术［J］. 现代教育技术，2016，26（8）：14-21.

③ 唐烨伟，赵桐，王伟. xAPI：新一代学习技术规范引领智慧教育新标准［J］. 现代教育技术，2015，25（1）：107-113.

④ WANG Y Y, WANG M Q. Data acquisition model for online learning activity in distance English teaching based on xAPI［J］. International journal of continuing engineering education and life long learning，2020，31（1）：1-16.

⑤ ALONSO-FERNÁNDEZ C，MARTÍNEZ-ORTIZ I，CABALLERO R，et al. Predicting students' knowledge after playing a serious game based on learning analytics data：a case study［J］. Journal of computer assisted learning，2020，36（3）：350-358.

⑥ XIAO J, WANG L M, ZHAO J S, et al. Research on adaptive learning prediction based on xAPI［J］. International journal of information and education technology，2020，10（9）：679-684.

⑦ 肖君，乔惠，李雪娇. 基于 xAPI 的在线学习者画像的构建与实证研究［J］. 中国电化教育，2019（1）：123-129.

规则挖掘、序列模式挖掘等）、模式发现和辅助决策。[①] 学习分析专用工具有 Socrato、Snapp[②] 和 LOCO-Analyst[③] 等。2015 年全球学习联盟发布了 IMS-CA 规范[④]，但规范目前还面临着数据呈现形态、数据用途、实施效果方面的挑战。上述分析方法都在支持着学习数据分析。频繁序列模式挖掘给出了教师日常教学过程中的行为序列[⑤]，通过聚类分析可以找出具有相同行为特征的共同体[⑥]。

数字教材不仅可以生成教师动态生成性行为数据，还可以生成相应的可视化图表，包括学习进度数据、教师与学生的交互数据、师生与学习环境的交互数据、教师和学生操作数字教材产生的数据等。如此一来，便可借助相关技术，将收集到的动态生成性行为数据，进行建模和描述，精准描述教师行为，确立教师的行为等级，制定辅导措施，建立教师个性化发展机制，帮助教师参与学生的学习进程[⑦]，让数字教材更好地发挥个性化学习管理服务作用。

本研究采用以下方法分析教师动态生成性行为数据：首先，借助相关技术工具，动态收集直接情境和间接情境中教师的行为数据，对收集的数据进行预处理，使用 xAPI 规范总结出教师行为的描述，对教师的交互活动进行记录追踪；其次，通过频繁序列模式挖掘算

---

① 杨现民，王怀波，李冀红. 滞后序列分析法在学习行为分析中的应用［J］. 中国电化教育，2016（2）：17-23，32；王冬青，刘欢，邱美玲. 智慧课堂教师行为数据的分析方法与应用验证［J］. 中国电化教育，2020（5）：120-127.

② 王紫琴，彭娴，吴砥. 学习分析技术规范比较研究［J］. 开放教育研究，2017，23（1）：93-101.

③ 郭炯，郑晓俊. 基于大数据的学习分析研究综述［J］. 中国电化教育，2017（1）：121-130.

④ 李青，赵越. 学习分析数据互操作规范 IMS Caliper Analytics 解读［J］. 现代远程教育研究，2016（2）：98-106.

⑤ 姜强，赵蔚，李松，等. 大数据背景下的精准个性化学习路径挖掘研究：基于 AprioriAll 的群体行为分析［J］. 电化教育研究，2018，39（2）：45-52.

⑥ 王妍莉. 绩效技术视野下民族院校教师信息技术应用行为差异性及归因研究［J］. 中国教育信息化，2020（21）：6-12.

⑦ 蒋立兵，毛齐明，万真，等. 智慧教室促进高校课堂教学变革的绩效研究：基于课堂教学行为的分析［J］. 中国电化教育，2018（6）：52-58.

法（MFS Growth 算法）[①] 得出教师的教学频繁序列，并进行极大频繁序列模式挖掘；再次，借助聚类分析方法（k-means）[②] 发现教师应用数字教材的行为特点、教学规律，识别对教学过程有利的应用行为；最后，建立教师个性化发展机制，促使教师参与学生的学习进程。

通过收集、聚类、分析教师动态生成性行为数据，干预教师行为，使教师清晰地了解数字教材自身的特点，识别数字教材应用过程中的教学模式特征，及时发现教学过程中存在的问题，并最终采取相应的干预措施提升专业教学能力。

四、数据分析模型

教师动态生成性行为数据来源于教师与数字教材课程云平台交互过程中记录的数据，主要是在教师教学常规过程中使用埋点的形式采集到的，是一组按照时间顺序先后排列的行为序列。利用数据挖掘技术对这些行为数据进行深度分析，挖掘出隐含在数据背后的教学行为特征、高频教学模式等，对于教师的专业发展、平台的个性化资源推送等都有重要意义。[③]

---

① 王冬青，刘欢，邱美玲. 智慧课堂教师行为数据的分析方法与应用验证［J］. 中国电化教育，2020（5）：120-127.

② 黄晓辉，王成，熊李艳，等. 一种集成簇内和簇间距离的加权 k-means 聚类方法［J］. 计算机学报，2019，42（12）：2836-2848.

③ APPALLA P，KUTHADI V M，MARWALA T. An efficient educational data mining approach to support E-learning［C］//Proc. of the 3rd international conference on information systems design and intelligent applications. New Delhi：Springer，2016：63-75；ZHANG W，HUANG X J，WANG S M，et al. Student performance prediction via online learning behavior analytics［C］//Proc. of IEEE International Symposium on Educational Technology. Piscataway，NJ：IEEE Press，2017：153-157；LI H，LI H N，ZHANG S，et al. Intelligent learning system based on personalized recommendation technology［J］. Neural computing and applications，2019，31（6）：4455-4462.

在前面的内容中，我们对教师常用的教学模式进行了统计，比如高效互动课堂应用模式，主要分为“学前诊断、任务情境、知识呈现、互动生成、课堂评价、教学补救、知识系统化”七个环节；主题探究式教学应用模式，主要分为“确定主题、分析主题、探究活动、合作交流、评价反思、拓展延伸”六个环节。对教学模式及其教学环节的分类，为教师教学活动的聚类分析奠定了基础。本研究采用以下方法分析基于数字教材的教师动态生成性行为数据：一是使用序列模式挖掘方法，得到某一教师应用数字教材的行为极大频繁序列；二是使用教学结构来描述性分析这位教师的教学特征；三是使用聚类分析方法，结合教师的个人信息数据、偏好数据及行为数据，寻找在一个区域内具有类似特征的教师，构建教师的共同体；四是有针对性地对每一类教师提出教学建议，按教师类型安排相适应的教研活动和任务等。

五、教师应用行为的频繁序列模式挖掘

行为序列是以行为发生时间的先后形成的序列。行为序列反映了教师在信息系统应用过程中的行为轨迹、意愿和认知过程。[①] 教师的行为序列记录了在教学常规活动中教师使用数字教材课程云平台的全过程，包括了课前备课中的分发资源、学情检测，课中的教学操作行为以及课后的发布作业、辅导，能够部分还原教师的真实活动情况，展示教师应用行为的特征。

---

① 李爽，钟瑶，喻忱，等. 基于行为序列分析对在线学习参与模式的探索［J］. 中国电化教育，2017（3）：88-95.

本研究选择频繁序列模式挖掘算法进行分析，综合考虑行为序列的时序特征及应用偏好等来选择挖掘算法，在对比滞后序列分析法（LSA）[①]、GSP、SPADE、FP-Tree 算法后，考虑到时间及空间复杂度，FP-Tree 算法因为只需要扫描两遍数据便能得到结果，所以受到我们的关注。[②] 王冬青等人在 FP-Tree 算法的基础上，为避免挖掘结果的重复性，提出极大频繁序列模式挖掘的方法 MFS Growth，然后采用教学结构框架（SPS）对结果进行描述。[③] 本研究参考 MFC Growth 方法，针对数字教材应用的特点设计了教师教学行为结构分析框架并进行应用验证，如图 6-4 所示：

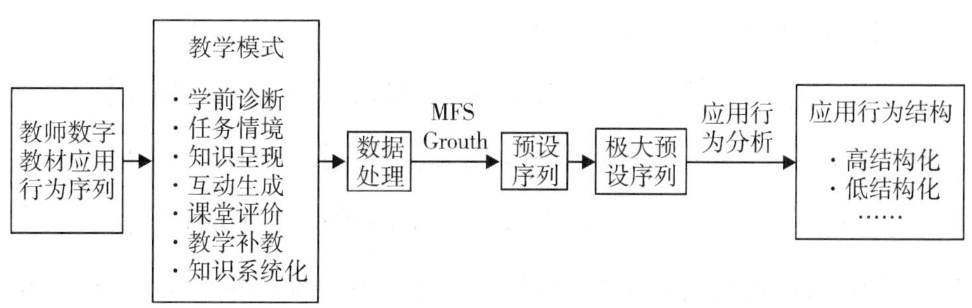

图 6-4　教师教学行为结构分析框架

六、教师教学风格结构分析方法

本研究将教学模式定义为教师在信息化环境中开展教学活动的

① 杨现民，王怀波，李冀红. 滞后序列分析法在学习行为分析中的应用［J］. 中国电化教育，2016（2）：17-23，32.

② 冯志新，钟诚. 基于 FP-tree 的最大频繁模式挖掘算法［J］. 计算机工程，2004，30（11）：123-125.

③ 王冬青，韩后，邱美玲，等. 基于智慧课堂动态生成性数据的交互可视化分析机制研究［J］. 电化教育研究，2019，40（5）：90-97.

结构形式，由一系列具备反映教师活动的时空组合和互动方式（或序列）的教学环节组成，贯穿于教师常规教学的全过程。雅各布森（Jacobson）等人从学生的获得感出发，将教学的结构分为高结构化（以教师讲授为主）和低结构化（教师仅仅作为指导者，以学生为主）[①]，即教学结构序列框架（SPS），这对本研究具有借鉴意义。但是SPS对时间序列信息缺乏考虑，且只有高结构化和低结构化的分类，忽略了一些兼具两者特点的环节（比如任务情境环节，教师要创设相关情境进行讲解，学生要在情境中建构知识；课堂评价环节要进行教师评价和学生互相评价）。因此，本研究对SPS教学结构进行了补充完善，按照先后顺序排列的方式增加了时间顺序信息，同时增加了兼具高结构化和低结构化特点的中结构化，即“以教师为主导，以学生为主体”。结合教师对数字教材的实际应用情况，对教学模式中的各教学环节进行结构化定义：使用字母H表示高结构化，M表示中结构化，L表示低结构化；使用顺序表示时间先后序列。举例来讲，高效互动课堂应用模式可定义为学前诊断（L）、任务情境（M）、知识呈现（H）、互动生成（L）、课堂评价（M）、教学补救（H）、知识系统化（L）七个环节；主题探究式教学应用模式可定义为确定主题（H）、分析主题（H）、探究活动（L）、合作交流（L）、评价反思（M）、拓展延伸（L）六个环节。

---

① JACOBSON M J, KIM B, PATHAK S, et al. To guide or not to guide: issues in the sequencing of pedagogical structure in computational model-based learning [J] Interactive learning environments, 2015, 23 (6): 715-730.

七、数字教材教师应用情况分析方法

本研究结合广东省珠海市的数字教材实际使用情况，参考广东省教育厅《关于建设2021年互联网环境下基础教育教学改革实验区的通知》设立“爱种子”计划，根据教师应用水平分为“点点用”“改改用”“创创用”三个教学阶段。

①“点点用”是数字教材应用的最初阶段，这一阶段的教师应用能力较低，直接使用数字教材课程云平台提供的导学案进行教学。

②“改改用”是数字教材应用较为熟练的阶段，这一阶段的教师一般经过相关的培训，且具有一定的应用经验和能力。教师根据数字教材课程云平台提供的备课模板，结合本班学生的实际情况，进行适当的改动与完善。

③“创创用”则是数字教材应用成熟的融合创新阶段，处于此阶段的教师一般具备较高的应用能力和掌握一定的教学方法。教师能够进行高层次的备课，需要在深刻理解课程要求的基础上，对各教学环节进行重新设计。

第七章　数字教材应用数据分析结果

数字教材课程云平台以促进教师的信息化教学为指向，在课前备课、课堂教学、自主研修和学生互动学习等不同的教学场景中为教师提供资源、工具、评价和活动内容支持。本章首先对数字教材课程云平台在课堂教学中的应用进行实验研究，分析数字教材的应用效果，主要从课例分析、能力标准的角度来评价数字教材课程云平台环境下教师专业发展的效果。其次，基于数字教材的教师动态生成性行为数据，探讨教师的教学行为模式，为教师共同体专业发展、平台资源推送等提供支持。

一、基于课例分析的角度

在数字教材项目实施过程中，共收集 79 节示范应用课例。其中涵盖语文、数学、英语、物理、化学、历史、思想品德、地理、生物、美术、音乐、信息技术、科学、体育 14 个学科，如图 7－1 所示。

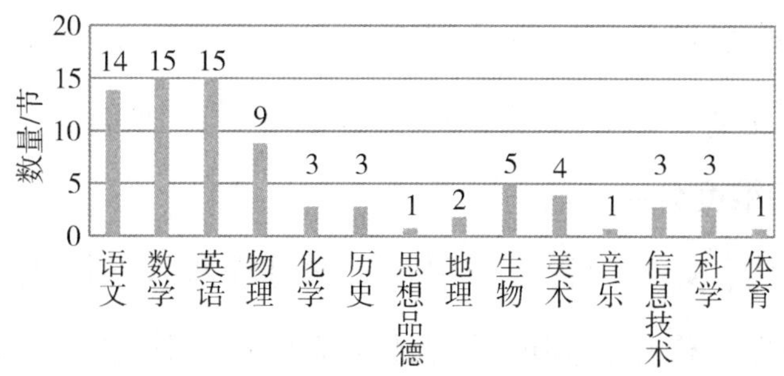

图 7-1　课例学科分布情况

课例涵盖小学、初中、高中三个阶段，主要集中在小学与初中阶段，高中课例仅占 2%，如图 7-2 所示。

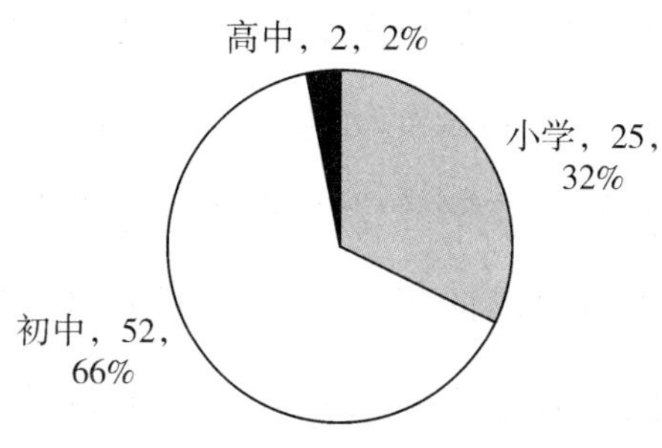

图 7-2　课例学段分布情况

数字教材支持的智慧课堂应用课例涵盖云服务、云互动、云协同三种类型的教学环境，如图 7-3 所示。

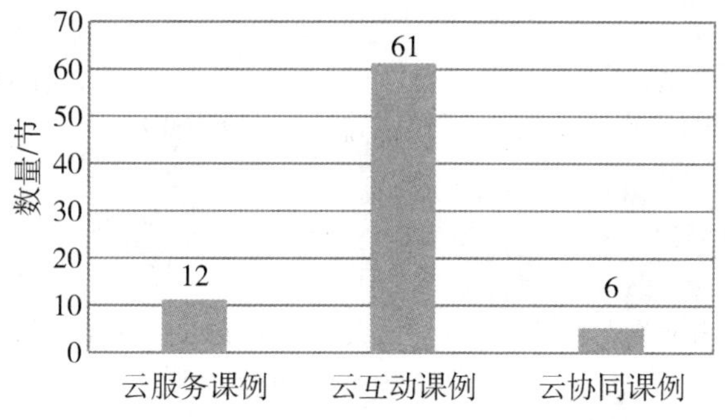

图 7-3　智慧课堂课例教学环境类型分布

在创建智慧课堂环境的过程中，珠海市的中小学教师在建成的云服务、云互动、云协同课堂中积极地开展教学研究。

1. **认知维度分析**

一般认为，好的课程应当覆盖认知过程所有的层级目标，并对其发展起到促进作用；好的课程体系应该体现认知目标层级的梯度设计，进而实现所有层级目标的合理发展。本研究主要对云互动课堂与普通课堂的课例进行分析，判断学生的认知目标达成情况。

（1）文科类课堂教学事件的认知维度分析。

文科类云互动课堂教学目标的认知维度主要集中在应用、分析、创造上；文科类普通课堂教学目标的认知维度主要集中在应用和分析上。如图 7-4 所示，文科类云互动课堂偏重高阶思维的达成，基本每节课大部分的教学时间花在培养学生的高阶思维上；文科类普通课堂的教学目标有时侧重培养高阶思维，有时侧重培养低阶思维，这可能与教师预设的教学内容有很大的关系。文科类教学思维发散性强，感性的教学内容多，诠释问题可能会从很多不同的角度展开。文科教师喜欢提开放性问题，学生发言的空间很大，有利于培养学生的发散性思维。对比云互动课堂与普通课堂，云互动课堂为学生的创作提供了技术支撑，学生在创造方面的得分会比普通课堂高一些。

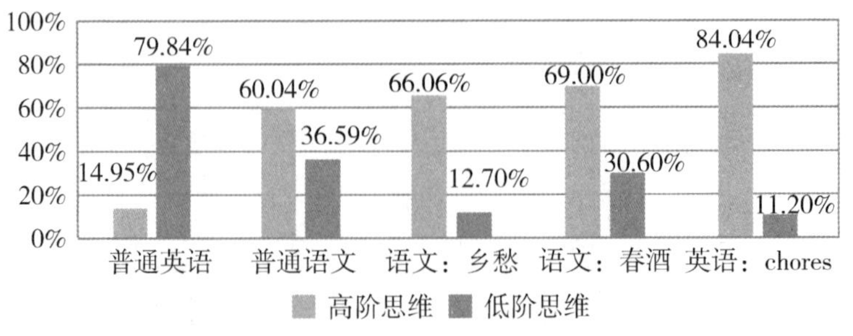

图 7-4　文科类课堂教学事件认知维度

（2）理科类课堂教学事件的认知维度分析。

理科类云互动课堂教学目标的认知维度主要集中在理解、应用和分析上；理科类普通课堂教学目标的认知维度主要集中在记忆、理解和应用上。如图 7-5 所示，大部分理科类云互动课堂达成高阶思维的时间低于达成低阶思维的时间，但每节课都有超过 30%的时间用于培养学生的高阶思维，也有一些课的教学时间基本花在培养学生的高阶思维上。云互动课堂还达成了更高的创造层次目标，普通课堂基本没有。理科类普通课堂的教学目标基本侧重于培养低阶思维，有些学科则出现全部培养低阶思维的情况，通过分析我们认为这可能跟教学内容有很大的关系。对比理科类云互动课堂与普通课堂，云互动课堂为学生的创作提供了技术支撑，在创造方面的得分也比普通课堂的得分高。

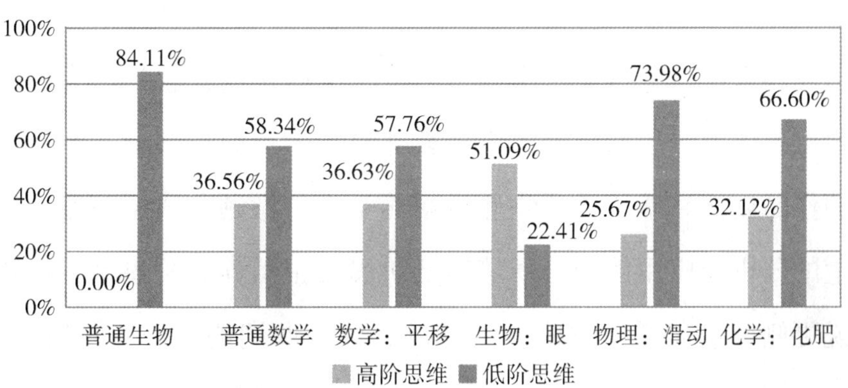

图 7-5　理科类课堂教学事件认知维度

（3）艺体类与信息技术课堂教学认知维度分析。

如图 7-6 所示，艺体类的美术课堂达成的高阶思维多于低阶思维。美术学科强调学生的动手能力与创新思维，这些需要在实践创作中获得。在所分析的美术课中，学生在技术支撑下进行实践创作的时间占整堂课的 17.75%。信息技术课堂达成的高阶思维低于低阶思维。但由于样本量太少，这里的具体数据缺乏普遍性。

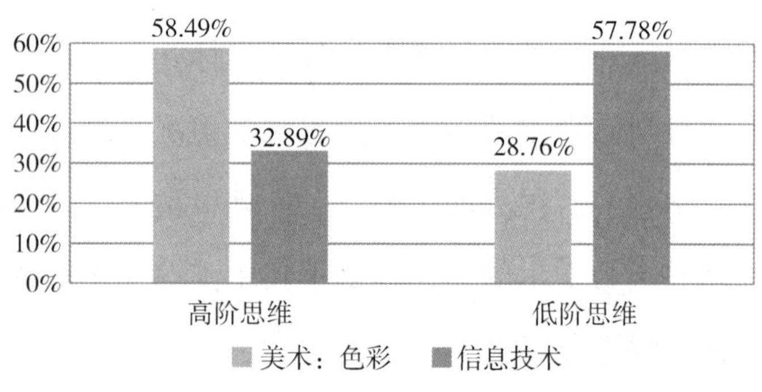

图 7-6　艺体类与信息技术课堂教学认知维度

总体来说，文科类课堂侧重高阶思维的达成，教学内容更为开放，侧重培养学生的感性思维，教师与学生沟通更和谐，有利于学生的作品创作。理科类课堂侧重培养学生的做题方式，一般是培养学生的分析与应用能力，既培养低阶思维也培养高阶思维，但总体来说更侧重培养低阶思维，也有极少数的课例侧重培养高阶思维。通过案例分析可以看出，在云互动课堂中，教师一般侧重培养学生应用、分析、创造的认知能力。这说明云互动课堂能够为教师提供更好的动态评价、实时反馈、学习过程跟踪与管理、个性化学习支持。

2. 软件功能分析

（1）数字教材支持下的智慧课堂软件功能使用情况汇总（见图7-7）。

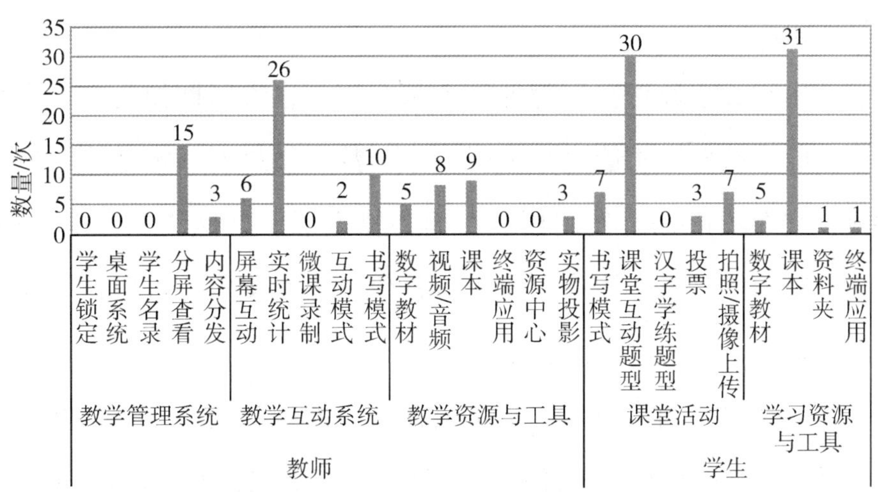

图7-7 数字教材支持下的智慧课堂软件功能使用情况汇总

由图7-7可以看出教师在智慧课堂中经常使用的功能分别是实时统计、分屏查看、书写模式、课本和视频/音频。一般而言，教师在智慧课堂环境下经常发布互动题以检验学生课前预习的情况，或者在课堂上发布题目以了解学生对知识的掌握程度，并使用实时统计功能查看学生的答题进度和答题情况。同时，教师也更愿意在学生名录中分屏查看每个学生的具体情况，部分教师还将个别学生的荧幕分享给全班的同学进行互动。虽然该功能是经常使用的，但并不是每个教师在智慧课堂上必用的。

视频/音频依然是教师最喜欢使用的多媒体资源之一，很多教师在课堂上会使用它进行情境导入，引起学生的注意，或者利用它进行相关教学内容的指导。教学资源在课堂教学中的使用给教师的教与学生的学提供了极大的便利，充分调动了学生的各种感觉器官，使课堂形式变得丰富多样，提高了教学效果。书写模式集画笔、荧光笔、橡皮、挡板等功能于一体，教师经常用此功能在一体机上进行标注讲解。

课本和数字教材在智慧课堂上都会用到，说明即便是在智慧课堂中，数字教材也不能完全取代课本。数字教材不一定适用于每个学科，它在英语课上使用居多，而在物理课、生物课上很少使用，很多教师依然要求学生在课本上标注笔记、画重点，可以认为这种使用习惯与学科的自身性质相关。

从图 7-7 也可以看出，学生最常使用的课堂活动软件功能是课堂互动题型，其次较常使用的功能是书写模式和拍照/摄像上传。学生使用平板上的画笔、荧光笔、橡皮等完成任务即为使用书写模式功能。学生会把自己完成的作品（如自己创作的一篇作文和一幅画）拍成照片或者录制为视频上传给教师。

在统计分析的过程中，我们发现不同的学科在使用软件功能方面存在较大的差异，在课堂活动的组织上存在一定的共性。大部分教师在智慧课堂能结合自己的教学设计恰当地使用软件功能，其中也不乏部分教师缺少使用相关软件的技能，比较容易辨别出这些教师对于智慧课堂的理解仍然处在初级阶段，他们使用智慧课堂环境设计并完成一节在普通多媒体课堂就能够完成的课，并没有很好地发挥出智慧课堂的功用。

（2）文科类和理科类智慧课堂软件功能使用情况的对比（见图7-8、图7-9）。

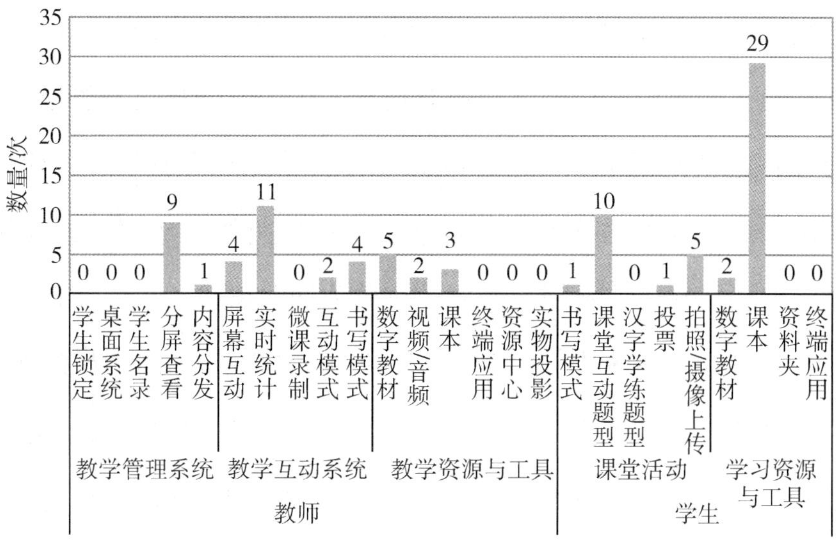

图 7-8　文科类智慧课堂软件功能使用情况汇总

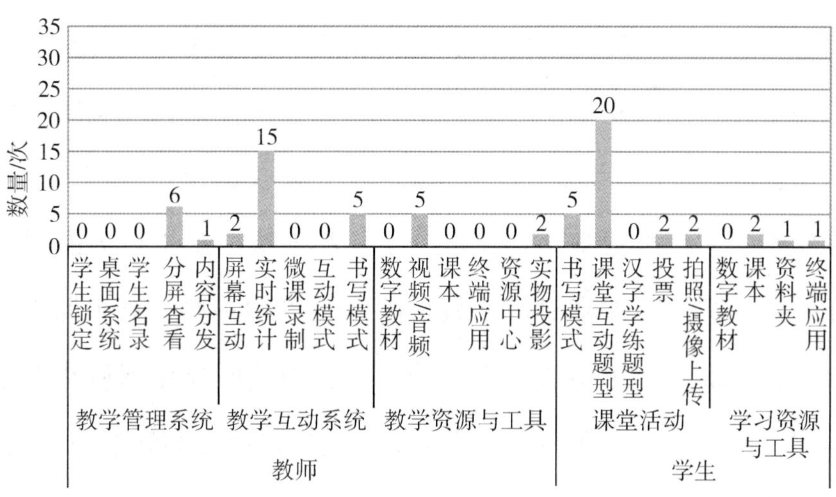

图 7-9　理科类智慧课堂软件功能使用情况汇总

我们选取了 4 节文科类课堂和 4 节理科类课堂进行软件功能的比较，从图 7-8、图 7-9 中可以看出，教师使用较多的软件功能为实时统计，即在教师与技术的互动方面，教师在课堂上较常发布课堂互动题，并使用实时统计的功能查看学生的答题进度和答题情况。部分教师还会使用学生名录中的分屏查看功能来查看学生的任务完成情况。注意这里的分屏查看是学生名录功能的组成部分，因为学生名录的功能众多，不利于分析，故单独抽取出来。

在教学互动系统中，教师使用书写模式功能的次数为文科类 4 次，理科类 5 次。理科类比文科类多，这是由教师解题演示的不同需求造成的。在教学资源与工具方面，文科类比理科类更常使用数字教材，同时文科类也还是会用到课本，理科类在视频/音频方面使用得比较多，实物投影功能在理科类中也用得较多。

在学生的使用情况方面，学生在理科类课堂使用书写模式的次数明显比文科类课堂多，因为学生可以在系统提供的环境中方便地进行演算。在拍照/摄像上传功能上，学生在文科类课堂用得比理科类课堂多，文科类课堂会更注重分享作品，这与学生行为的部分叙述相一致。文科类课堂对数字教材的使用更多一些。对于课本，学生在文科类课堂有更多阅读文本的需要，因此明显比理科类课堂使用得多，此外，学生在理科类课堂也有用到资料夹和终端应用功能，这有可能与理科类课堂的学习需求相关。

3. 学生行为分析

（1）理科类智慧课堂与普通课堂学生行为对比（见表 7-1）。

表 7-1　理科类智慧课堂与普通课堂学生行为对比

学生行为	智慧课堂（化学）		智慧课堂（生物）		智慧课堂（数学）		智慧课堂（物理）		普通课堂（生物）		普通课堂（数学）	
	次数	时长/秒	次数	时长/秒	次数	时长/秒	次数	时长/秒	次数	时长/秒	次数	时长/秒
应答	3	311	5	698	19	834	5	475	0	0	1	120
提问	0	0	0	0	0	0	0	0	0	0	0	0
朗读	0	0	0	0	3	60	0	0	0	0	1	44
上台讲解	4	394	1	131	7	392	0	0	1	40	2	278
实时互动	6	621	4	408	3	274	2	182	0	0	0	0
自主学习	1	240	1	25	0	0	0	0	0	0	0	0
交流讨论	0	0	2	374	5	225	0	0	2	694	3	658
合作实践	1	94	0	0	2	193	3	663	1	120	0	0
观看媒体演示	0	0	5	747	3	258	0	0	2	347	1	45
听力练习	0	0	0	0	0	0	0	0	0	0	0	0
做笔记	0	0	0	0	0	0	0	0	0	0	0	0
作品分享	1	30	0	0	0	0	1	46	0	0	0	0

由表 7-1 可知，总体而言，在智慧课堂环境下学生行为覆盖范围比较广，而在普通课堂中学生行为涉及的范围相对单一。

智慧课堂中应答行为比较多，从师生互动角度来看，师生间积极互动，教师在课堂提出问题时，学生积极思考，争相抢答，气氛热烈，这表明在智慧课堂中学生思维比较活跃。朗读行为在理科类智慧课堂中多表现为朗读一些概念（如在数学课中朗读平移的概念），目的是加深印象。从表 7-1 中能明显看出智慧课堂中的上台讲解行为比普通课堂更多（大部分集中在数学科目）。由于智慧课堂完成练习所花的时间要比普通课堂短得多，智慧课堂在一体机、平板计算机等技术的支持下更加以学生为中心。实时互动是智慧课堂中特有的学生行为，即学生做随堂练习，教师给予实时反馈。学生经常利用平板计算机完成教师发布的课堂互动题，因此，智慧课堂中课堂测试的生成性内容比普通课堂更多。

自主学习行为在智慧课堂出现的次数比普通课堂多，这也体现了智慧课堂中教师的引导作用。智慧课堂中学生的交流讨论和合作实践总体比普通课堂多。在课堂教学中，教师设置了许多小组合作学习环节，小组成员间积极互动，交流各自的学习成果并选择某位成员代表小组展示学习成果。因为有技术的支撑，学生展示作品更加方便。另外生生互动不局限在小组内部，学生也可以对其他小组的汇报提出不同的建议和看法，组别不同的学生可以积极交流互动。在技术支持下的理科类课堂中合作实践功能能够促进学生的合作，提高学生的合作能力。

从表 7-1 中我们也可以看出在智慧课堂环境下作品分享的次数比普通课堂更多，在智慧课堂中学生产生的作品较普通课堂更多，这一点在作品分享行为中也有所体现。而普通课堂环境下作品分享这一学生行为的次数为 0。智慧课堂中学生作品的生成性内容比普通课堂更多。智慧课堂具备荧幕互动、实物投影、快速发送资料到学生端、实时互动等功能，为课堂互动提供了强大的支持。例如，智慧课堂教师会下发资料附件给学生，学生查看后进行小组协作互动。小组互动过程中遇到问题时，学生可以通过平板计算机上网查找相关资料。智慧课堂提供的技术支持，大大改善了课堂互动的效果，促进了教学目标的达成。

（2）文科类智慧课堂与普通课堂学生行为对比（见表 7-2）。

表 7-2　文科类智慧课堂与普通课堂学生行为对比

学生行为	智慧课堂（语文）		智慧课堂（语文）		智慧课堂（英语）		普通课堂（语文）		普通课堂（英语）		普通课堂（英语）	
	次数	时长/秒	次数	时长/秒	次数	时长/秒	次数	时长/秒	次数	时长/秒	次数	时长/秒
应答	13	778	6	311	9	633	16	636	2	432	5	309
提问	0	0	0	0	0	0	0	0	0	0	0	0
朗读	5	151	6	245	0	152	10	566	1	10	1	38
上台讲解	0	0	0	0	3	178	0	0	2	161	0	0
实时互动	3	226	0	0	7	273	0	0	3	142	0	0
自主学习	2	182	1	312	2	208	3	75	2	97	4	358
交流讨论	2	460	2	299	0	0	0	0	2	349	1	828
合作实践	6	320	0	0	1	66	0	0	0	0	0	0
观看媒体演示	0	138	2	200	11	416	2	135	0	0	0	0
听力练习	0	0	0	0	3	132	0	0	0	0	1	274
做笔记	0	0	0	0	2	27	0	0	0	0	0	0
作品分享	1	52	3	213	0	0	0	0	1	19	1	115

从表 7-2 中我们可以发现，应答行为在智慧课堂和普通课堂中区别不大。在文科类课堂中，朗读行为涉及读课文句子，目的是加深学生对课文的理解，这在智慧课堂与普通课堂中差别不大。从表 7-1、表 7-2 可以看出，上台讲解行为主要体现在理科类课堂中，在文科类智慧课堂与普通课堂中的区别不是很大。朗读、听力练习行为体现了比较明显的学科特点，我们也可以看出其在文科类课堂中出现的次数比理科类课堂中的更多。

对比智慧课堂与普通课堂，学生行为时长占比差异比较明显的是实时互动行为，实时互动是智慧课堂中特有的行为，并且在文科和理科智慧课堂中出现的次数都比较多。

（3）理科类与文科类智慧课堂学生行为对比（见图 7-10、图 7-11）。

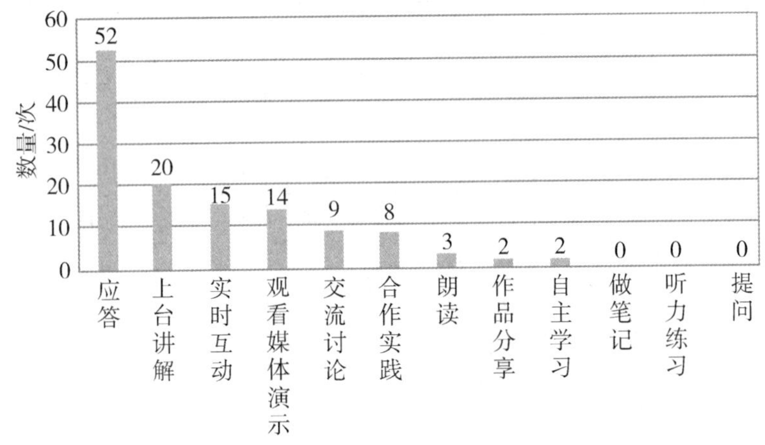

图 7-10 理科类智慧课堂学生行为汇总

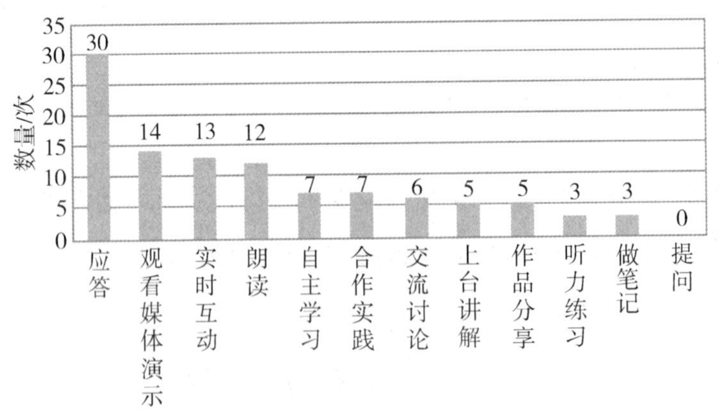

图 7-11 文科类智慧课堂学生行为汇总

我们选取了四节文科类和五节理科类智慧课堂进行学生行为的

比较，如图 7-10、图 7-11 所示，理科类和文科类智慧课堂学生行为共同出现较多的是应答、实时互动、观看媒体演示。但两者在应答行为出现的次数上有所差异，理科类的应答行为比文科类的更多，主要是因为在理科类课堂中，客观性题目较多，教师有时会对一个知识点提出多个问题，而在文科类课堂中，主观性题目较多，答案也比较开放。另外，实时互动行为出现的次数在文科类和理科类智慧课堂中都比较多，无明显差异，主要是因为智慧课堂中学生经常要完成教师发布的课堂互动题。

对比理科类和文科类智慧课堂，学生行为差距比较明显的是上台讲解、朗读、作品分享、做笔记、听力练习。在理科类课堂中，学生上台讲解题目的过程有利于培养学生的解题思维，所以理科类课堂上台讲解行为次数要比文科类多。在文科类课堂中，教师比较注重培养学生的理解与写作能力，因此文科类课堂作品分享行为次数比理科类课堂更多，这一点与软件功能的拍照/摄像上传相一致。朗读、做笔记、听力练习行为则很明显在文科类课堂中出现的次数更多。

值得注意的是，无论是在理科类还是在文科类智慧课堂中，合作实践、交流讨论行为的次数并无明显差异，并且学生提问行为次数都为 0，有可能因为在智慧课堂上大部分教师不擅长培养学生自主大胆提问的技巧。总体来看，智慧课堂中学生行为有着明显的学科特征，同时学生行为的差异与软件功能使用的情况有一定的关联，智慧课堂与传统课堂之间的学生行为有怎样的具体差异还需作进一步的分析。

4. 生成性教学资源分析

生成性教学资源指的是在课堂教学中伴随教学过程而产生的，能够推动教学进程的各种教学条件和因素。生成性教学资源不是提前预设好的，而是在教学过程中动态生成的。在智慧课堂的教与学的活动中，会产生大量的生成性教学资源，这些资源都会通过学习支持平台进入可进化的学习资源库中。这些生成性教学资源在教育发展的动态过程中发挥了重要的作用，也将成为新的学习资源，供学习者学习和反思之用。

本研究中 15 节课例生成性教学资源汇总情况如图 7-12 所示。

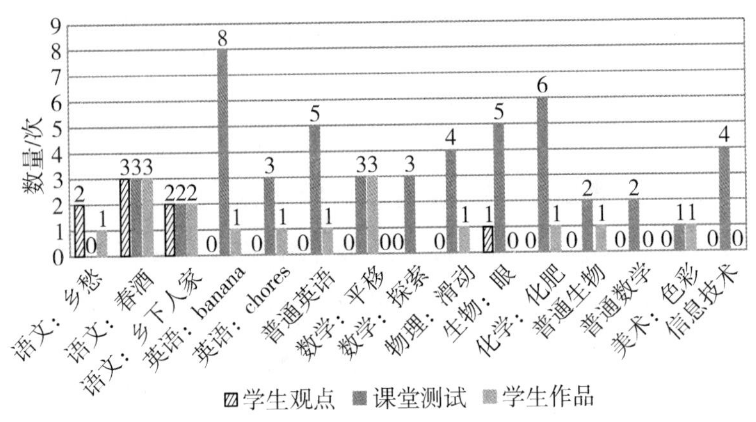

图 7-12　15 节课例生成性教学资源汇总情况

从图 7-12 中能明显看出，除了第一节语文课“乡愁”的“课堂测试”次数为 0，其他课都有“课堂测试”，且英语课“banana”的“课堂测试”最多，为 8 次，这节英语课的测试主要采用食物分类题、名词单复数题和听力题。化学课“化肥”的“课堂测试”次数次之，为 6 次，主要采用化肥的分类、鉴别与实验题。

“学生作品”的总次数相较“课堂测试”的总次数少一些。“学生作品”教学资源生成次数最多的是数学课“平移”和语文课“春酒”，都为 3 次；次之的是语文课“乡下人家”，为 2 次。“学生观点”的总次数最少，分布也最少。“学生观点”主要集中在三节语文课中，“乡愁”“春酒”“乡下人家”分别为 2 次、3 次和 2 次，主要是教师对学生的情感和态度进行提问。另外，生物课“眼”也有 1 次“学生观点”，是关于正确用眼的提问。

从普通课堂与云互动课堂的“课堂测试”教学资源生成次数对比发现，云互动课堂的“课堂测试”次数多于普通课堂，即云互动课堂的容量更大，测试形式更多样化。通过课堂实录分析，由于设备受限，普通课堂的“课堂测试”方式单一化。

云互动课堂的生成性内容易被记录与分析。由于测试方式的原因，普通课堂的测试通常不便记录，比如口头提问与黑板演示。而学生用平板做测试题、拍照上传等内容易被记录，也方便教师作课后分析与反思。

图 7-12 显示，在“学生作品”分享上，普通课堂和云互动课堂具有近乎一致的次数，所以尚不能得出云互动课堂作品分享次数更多的结论，但是分析课堂实录可知，云互动课堂的分享更加广泛和便捷。学生可以通过拍照上传分享自己的作品，教师既可以将学生的作品展示在大荧幕上，同时又可以共享给全班学生。而在普通课堂，某位学生要分享自己写在笔记本上的内容时，他只能通过传阅这种时间成本高的方式来进行，这样在某种程度上导致了不公平的现象。

在“学生观点”这一项上，云互动课堂的教学资源生成次数多于普通课堂，其实在大多数普通课堂中，教师占主导地位，学生可以发声的机会和时间比较少，而在云互动课堂中，教师会创设接近实际生活的各种情境，构建注重个性化、课堂互动、课堂动态调整的教学形态。

在云互动课堂中，文科和理科分别有 5 节课。如图 7-13、图 7-14 所示，“学生观点”在文科类课堂中共有 7 次，在理科类课堂中共有 1 次。文科类课堂的教学内容主要是语言的掌握和表达，所以教师能够采用开放参与式的教学方法，学生对问题的回答也各不相同。文科类课堂的“学生观点”主要集中在语文课上，教师会提问学生的情感态度。理科类课堂的“学生观点”的次数为 1 次，主要是因为教师重在培养数学思维、科学思维、实验探究意识等，所以动手操作与做练习题的机会较多，学生表达个人想法的机会相对较少。“课堂测试”在文科类课堂中共有 21 次，理科类课堂中共有 25 次。文科类课堂的“课堂测试”主要集中在英语课的课堂练习中，教师会针对词汇、语法和句式对学生进行测试。“课堂测试”在理科类课堂中分布比较平均。

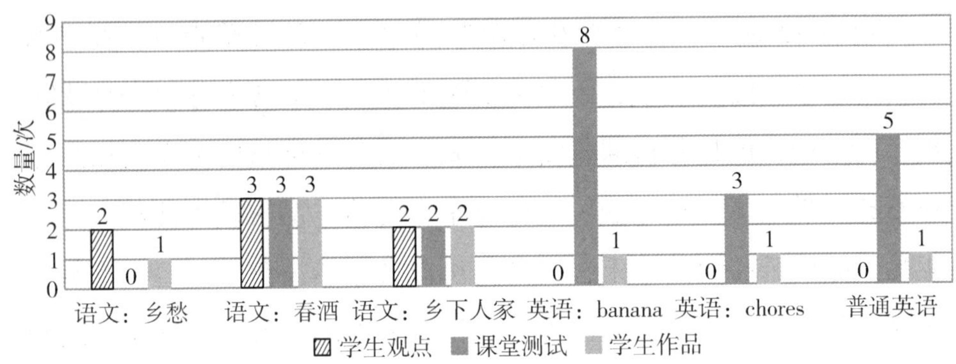

图 7-13　文科类课堂生成性教学资源情况

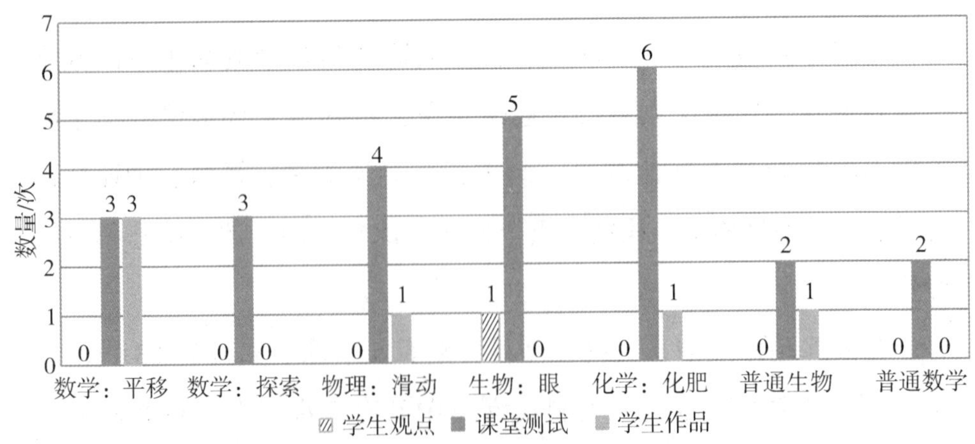

图 7-14　理科类课堂生成性教学资源情况

二、基于数字教材的教师教学行为频繁序列模式

本部分采用 MFS Growth 频繁序列模式挖掘法分析珠海市参与数字教材应用教学改革试验的教师动态生成性行为数据，发现基于数字教材的教师教学行为极大频繁序列。报告一共汇聚了珠海市试点学校 400 多位教师，超过 15 000 节课的应用数据。我们从中抽取初中英语教师 50 人，共计约 2 000 节课的数据，过滤掉复习课等非主要应用数字教材教学模式的课例，最终选出约 1 300 节课作为数据集，被选中的教师主要执教初中一、二年级，分布在珠海市几个主要的行政区，有市区学校的教师，也有周边地区学校的教师。值得一提的是，在样本抽取之前，先过滤掉每天平均使用数字教材时间不足 20 分钟的教师（这部分教师可能对数学教材的应用不积极，因此将收到预警），或者个人总体授课数量少于 10 节（数据量不足）的教师。

按照上述方法对这 50 位教师执教每一节课的教学过程（包含课前、课中、课后）建立序列模式库，以珠海市第四中学初中英语教师王金梅执教课例“It’s raining”为例，其教师教学行为序列如图 7-15 所示。

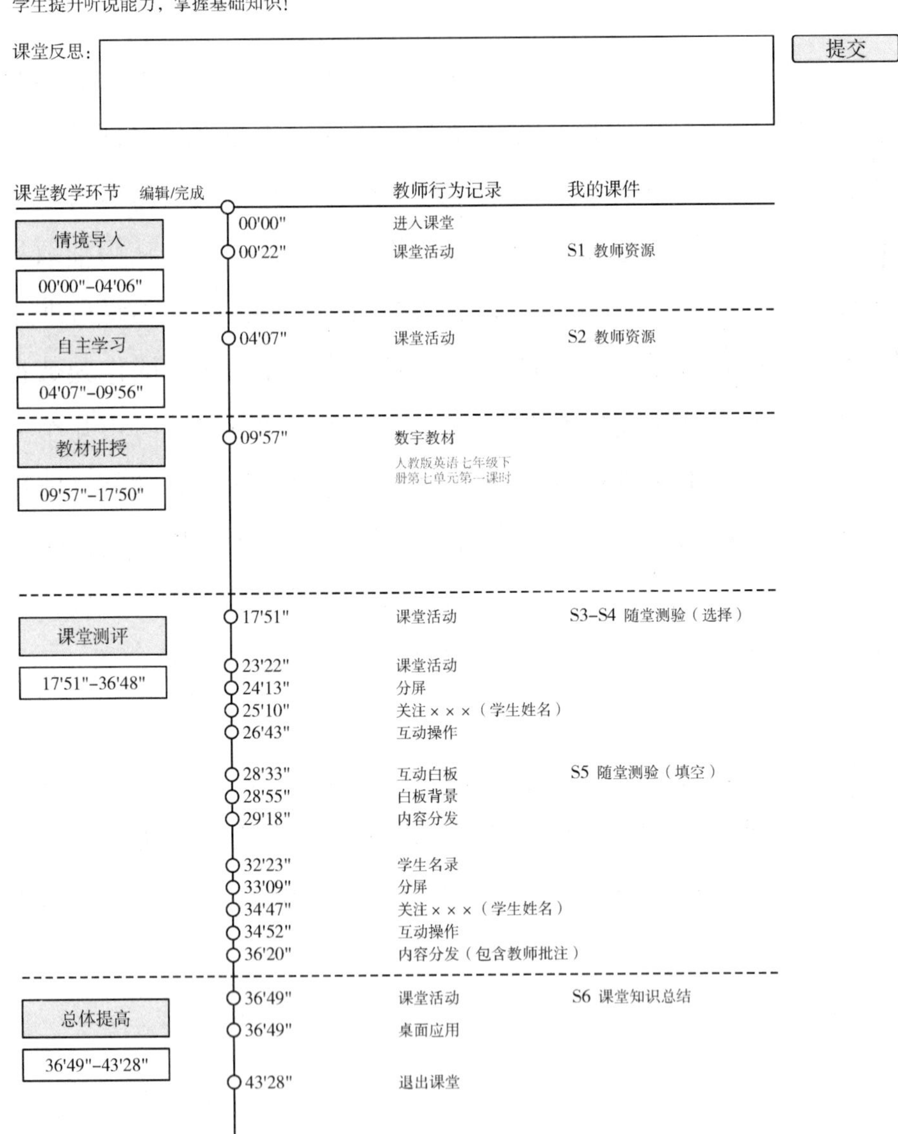

图 7-15 课例“It's raining”教师教学行为序列

我们采用 MFS Growth 方法对该课例进行挖掘，最终得到 63 条教师教学行为极大频繁序列，此处按照频繁次数呈现前 6 条极大频繁序列（如表 7-3 所示）。之后按照教师教学风格结构分析方法中确定的数字教材应用行为特征定义“高/中/低”结构，如果遇到连续的同一个结构类型则统一为一个，活动按照时间顺序排列，用“→”表示。

表 7-3　排名前 6 的极大频繁序列

序号	教学模式	频繁序列	教学结构序列	类型
1	高效互动	知识呈现→互动生成	H→L	高低结构
2	高效互动	课堂评价→教学补救	M→H	中高结构
3	主题探究	合作交流→评价反思	L→M	低中结构
4	翻转课堂	自主学习→提出困惑	L→L	低低结构
5	高效互动	学前诊断→课堂评价→教学补救	L→M→H	低中高结构
6	教学资源	教师讲解→知识内化	H→L	高低结构

从表 7-3 可知，前 6 条极大频繁序列中，高低结构（H→L）仅包含 2 条。应用数字教材的教学呈现出和传统课堂不一样的特点，比如高高结构（以教师讲授为主）出现频率较低，说明数字教材的应用促进了以学生为中心的教学理念的发展。这体现了以学生为中心，以教师为辅助角色的教学设计趋势。说明新技术的使用切实改变了教学过程，使教师教学摆脱了以“满堂灌”等单一课堂讲授为主的方式，教师更有意愿使用低结构的教学方式，这是符合新课程改革精神的。

表 7-4 呈现了 7 位不同学科或不同年级教师执教课例的教学行为分析数据，数字教材平台记录了教师每节课在备课、授课、课后等环节的具体活动情况，按照上述方法提取教师教学结构特征。

表 7-4　7 位不同学科或不同年级教师执教课例的教学行为分析

序号	课例名称	教学单元	课例简介	教学活动	教学结构序列
1	画家和牧童	人教版小学语文二年级下册	采用云服务课堂情境创设模式，教师将教学重点放在感悟人物的优秀品质上，并且尝试利用数字教材优化教学	创设情境→小组探究→交流思考→总结提升	H→L→H
2	图形的旋转	人教版小学数学五年级下册第五单元	采用翻转课堂教学模式，要求学生进一步认识图形的旋转（会说），探索旋转的特征和性质（会认），能绘制简单的旋转 90°后的图形（会画）。微课助学，任务驱动；课前“号脉”，以学定教；合作互学，收集问题；巧设游戏，自学检测；协作提升，探究性质与画法；拓展深化，目标达成；欣赏与内化，总结与反思	任务情境→自主学习→协作建构→知识内化	H→L→L
3	It’s raining	新课标人教版初中英语七年级下册第七单元	采用基于任务的合作学习模式，主要围绕“weather”和“activities”展开话题讨论，涉及词汇、句型和对话练习，要求学生掌握有关描述天气的单词和询问天气的句型，并且能用所学的知识描述天气情况和正在发生的动作	设计任务→小组活动→学习评价（互评）→总结	H→L→H
4	自选商场	人教版小学语文一年级上册	采用“技术支持下的高效互动课堂”教学模式，学习 14 个生字，认识 1 个偏旁，会正确书写“巾”“牙”。通过数字教材与学生多形式互动，加深学生对字词的识记和理解，在朗读实践中读懂课文，尝试感悟语言、积累语感，在感受识字、阅读之乐的同时，学生的分析能力、语言表达能力、合作交流能力等都得到和谐发展	创设情境→自主学习→巩固练习→拓展提高	H→L

（续上表）

序号	课例名称	教学单元	课例简介	教学活动	教学结构序列
5	鱼儿鱼儿告诉我	岭南版小学美术第三册（上）第十七课	采用“技术支持下的高效互动课堂”教学模式，设计制作鱼类仿生品，通过观察，了解仿生品的设计原理，拓展学生的设计思维。利用数字教材丰富的教学资源，运用陶艺的制作技法与成型方法，创作出鱼类仿生陶艺作品	创设情境→自主探究→组内交流→小组协作	H→L
6	用简单随机抽样调查方法估计瓶子里绿豆的数量	人教版初中数学七年级下册	采用云协同课堂教学模式，首先将学生分为两组，通过三次“抽样调查”实验活动，让学生一步步尝试估算绿豆数量，从而引导学生理解抽样调查。流畅的直播系统让师生互动、生生互动更加顺利，数字教材的资源分享也提高了课堂效率	设计任务→小组实验探究→总结提升	H→L→H
7	一元一次不等式组的解	人教版初中数学七年级上册	采用“一对一”个性化学习应用模式，学生通过自主学习和小组协作会话的方式，进一步掌握解一元一次不等式组的解法。在整节课的学习过程中，学生自行完成练习题，再与其他学生进行交流。教师在这种练习—讲解模式的反复循环中，纠正学生学习过程中常犯的思维型错误	自主探究→协作学习	L→L

三、教学风格聚类分析与讨论

为构建教学风格特征近似的教师共同体，以描绘教师的用户画像，促进教师的专业发展，探索符合教师使用习惯的个性化资源推送等。我们对教师教学风格数据分析结果进行聚类分析，结合教师的间接情境数据（个人信息、偏好等），组建学校内的学科组教师共同体。本部分选取了珠海市某学校初中英语学科教师 28 人，共 510 节课例，结合间接情境特征进行聚类分析，挖掘该学校英语教师的活动类型。相关分析结果如表 7-5 所示，将教师划分为“点点用”“改改用”“创创用”三种类型。

表 7-5　教学风格聚类分析结果

类型	人数	高频使用的教学模式	特征
点点用	8	教学资源模式的讲授教学	部分教师应用数字教材备课、授课，教学模式还是以传统的讲授型为主，使用资源的类型和数量都较少，以直接下载点击使用为主，从不分享自己创作的资源，在社区也不活跃，参加教研和培训活动不积极，亟待提升信息技术教学能力，提高应用的积极性
改改用	15	情境创设模式的小组教学、技术支持下的高效互动课堂应用模式	这一部分的教师人数是最多的，他们正在积极探索利用数字教材进行备课、授课和课后跟踪的方法，使用教学资源的种类较多，时间也相对较长，能根据需要对资源进行修改；擅长组织学生小组协作学习，较多使用数字教材检测学生的学习情况；按要求参加教研和培训活动，具有较高的信息素养
创创用	5	基于数字教材、教辅和学科教学工具的翻转课堂模式；基于任务的合作学习应用模式	该类教师能熟练地应用数字教材，能根据学生的情况和教学内容，制作区域化应用的资源，在教师群体内属于领导者角色，在教研和培训活动中扮演组织者或者主讲者的角色，关注信息技术与教学的融合创新，关注学生解决问题与合作探究等高阶思维的培养

第八章　研究展望

技术的发展日新月异，大数据、学习分析等智能技术正在不断地渗透到教育教学的各个方面，其主要特征表现在软硬件技术的融合、人工智能与人类智能的融合等方面。本研究关注数字教材的落地应用，尝试创新与变革教学环境、学习形态、教师角色，以打造良性循环发展的教学生态，在未来将结合多种教育情境的真实数据，立足不同的角色视角，最大化发挥数据分析优势，并通过实践检验，实现个性化教学、决策等精准服务。

一、数字教材环境下的智慧型教师

数字教材环境支持下的课堂教学行为会被计算机感知，特定的行为模式会被智能算法分析出来，应用学习分析技术可以极大地增强教师对自身教学风格和课堂教学过程的监控与分析能力，教师不仅能够掌握自身的教学风格等相对静态的特征，还能够了解当前所处的教学模式、可能存在的问题等动态特征，为高效的课堂教学、个性化的教学方式提供技术支持。

课程云平台资源丰富，教师可以结合数字教材及其配套的资源灵活地设计学习活动。学习分析技术为教师提供监督式的改进支持，助力提升课堂教学效果。但与此同时，这也为教师开展信息技术支持下的教学实践带来新挑战：①教学决策。如何处理教学活动过程中产生的大量信息、如何进行优先级划分、如何进行跟踪评估等，解决这些问题，需要教师具备较高的决策能力。②组织策略。智慧环境下的学习资源极其丰富，如何针对多样化的需求，选择适宜的资源，组织灵活、多变的学习活动，是课程云平台环境支持下智慧教师需要关注的重要课题。③技术应用。数字教材环境基于多种软硬件技术的综合应用，虽然软件设计越来越人性化，但掌握软件的使用方法对广大教师而言，仍然是巨大的挑战。要想帮助教师快速适应信息化平台和工具环境，并展开创新性教学应用实践，还需依靠多种渠道为教师提供技术培训，提高教师的信息素养。

二、以学习者特征挖掘为支撑的自适应学习

近年来，随着智能感知设备和人工智能技术的成熟，相关学者越发重视利用学习者的语言、行为、动作等数据实现对学习者行为、认知、情感等状态的准确描述和智能测评。目前，关于学习者特征挖掘的相关研究大多利用学习者的学业测评数据、在线学习行为数据或论坛文本数据，并以此探究学习者潜在的认知发展规律。未来研究的开展需要进一步推动以学习者特征挖掘为支撑的自适应学习，即根据学习者的学习特征、行为偏好和智能测评结果，为其推荐合适的学习资源，辅助其更好地提高学习效果。

三、为不同角色提供辅助与建议

1. 教研员：精准教研

随着信息技术的深度应用，区域教研有了更多可能性，依托项目设计并借助信息技术能有效提升区域教研品质。[①] 为有效支持学校和教师发展，需要把关研修资源和研修团队。对于研修资源，需要分析资源的科学性与准确性，鼓励教师积极参与资源制作，有效储备优质资源。而对于研修团队，可借助数据技术科学地分析研修团队的整合能力和优势储备，梳理研修人员的特征，整合跨区域、跨学段、跨学科的资源优势，聚合力量支持师生课堂，绘制人力资源图谱，通过集智和诊断，更好地服务师生。[②]

教师在数字教材环境支持下开展教学活动，教研员结合教师个人授课行为分析数据，进行区域的整体教学情况分析，同时打通校本教研、校际教研活动的创新路径，实现由经验重复转向数据实证的常态方法转型，结合课程云平台支撑，助力区域精准教研。

2. 管理员：统一监管

在数学教材课程云平台支持下，学校管理者可较为精准地掌握学校教师开展信息化教学的整体动态，相关教育部门管理者可以及时了解数字教材的区域使用概况，包括学科、频次等各种数据，统一把控区域信息化教学实践尝试的动态，必要时对参与度较低的区

① 丁玉祥. “互联网 +” 时代的区域教研工作方式转型与路径创新［J］. 中小学数字化教学，2017（2）：61-63.

② 马耀国，李晓庆，贺安祁，等. “互联网+” 助力区域教研转型的行动实践：以北京市通州区为例［J］. 中小学数字化教学，2020（11）：73-76.

域或学校作出预警。此外，通过云平台系统，能够采集并分析教师在平台上的使用记录以及授课过程中的数据，形成具有一定意义的应用报告，便于区域管理员掌握区域概况和统一监管。

四、聚焦信息素养的教师培训

基于数字教材开展教学创新实践，需要提升教师的信息素养。因此，可以依托智慧研修云平台，开展线上线下培训活动，提升教师信息化应用创新能力和教学研究能力。培训的内容可包含两方面：一是信息化发展现状、趋势，以及信息化政策解读，向教师普及信息化知识和手段，提升教师对信息化教学的认识；二是云平台的优势特征、资源介绍及使用。

疫情防控期间的在线教学，是一次全线、全员、居家的在线教学，是人类历史上从没有过的教育实践，对教师提出了新的挑战。[①]在这样一种极其特殊的教学场景下，绝大部分教师的能力储备不足，需要进行非常态化的培训。虽然此次在线教学并不是教育的常态，但是随着社会的发展，技术在教育上的应用促使教师提升信息技术素养，智慧教研也发挥着越来越重要的作用。因此要加强教师信息化培训，实现教师信息化应用和创新能力的提升。

另外，为保障交互研修的有效性，教师研修环境需为教研对象提供评价支持。通过统计研修参与者发帖数、跟帖数、回帖数、点赞数等交流痕迹数据及视频点播、学习工具等使用数据来分析交互

---

① 闫寒冰，单俊豪. 从培训到赋能：后疫情时期教师专业发展的蓝图构建［J］. 电化教育研究，2020，41（6）：13-19.

频率；从频率、深度、层次三个角度来评价交互的水平和效果；从对某一问题讨论所涉及的人数、时间等的统计来挖掘交互深度；从工具、资源的利用水平洞彻知识整合的层次。

五、面向教、学、研一体的教师画像构建

《关于开展人工智能助推教师队伍建设行动试点工作的通知》强调应当采集教师各方面信息，汇聚成教师大数据，建立教师数字画像，以支持学校决策，改进教师管理，优化教师服务。[①] 数字画像的概念由用户画像迁移而来，被认为是一种数字模型，通过从海量数据中提取和描述关键信息得到。[②] 因此，正确地表述教师的个体特征和行为特征是构建教师画像的基础。xAPI 是一种学习行为记录的标准，基于 xAPI 标准的学习管理系统可以实时、跨平台、跨终端地跟踪记录平台上每一位教师的学习经历，并对活动过程中的一系列数据进行跟踪、处理和分析[③]，这为构建和生成教师画像创造了有利的条件。因为基于精准的教师画像有助于提供个性化的推荐服务，促进教、学、研的可持续发展，诸多学者开始探讨构建教师画像的流程。纵观研究实践，其流程主要是构建画像目标、数据采集与预处理、根据不同的数据属性标签构建画像模型、生成/输出画像。[④]

---

① 教育部办公厅. 关于开展人工智能助推教师队伍建设行动试点工作的通知［EB/OL］.（2018-08-08）. http://www.moe.gov.cn/srcsite/A10/s7034/201808/t20180815_345323.html.

② 张治，刘小龙，徐冰冰，等. 基于数字画像的综合素质评价：框架、指标、模型与应用［J］. 中国电化教育，2021（8）：25-33，41.

③ 黄建国，唐烨伟，范佳荣，等. 基于 xAPI 的在线学习环境中精准师训画像构建研究［J］. 中国电化教育，2020（4）：102-108.

④ 余明华，张治，祝智庭. 基于可视化学习分析的研究性学习学生画像构建研究［J］. 中国电化教育，2020（12）：36-43.

数字教材课程云平台的设计开发旨在提供教育教学相关服务，涉及教育、学习、教研、管理等方面。此外，研究立足智慧服务需求，基于数字教材开展了一系列教学实践，应用数据初具规模。因此，可进一步将研究重点放在教师画像上，涵盖教师、学生、决策者、教研服务提供方等多个视角，从教师画像的构成要素入手，采用多元线性回归分析、聚类分析等关键技术描述教师共性特征，预测教师的认知水平、教学风格等信息，并通过数据关联、数据可视化等方法构建教师个人模型，即构建教师画像。

参考文献

［1］刘凤娟. 大数据的教育应用研究综述［J］. 现代教育技术，2014，24（8）.

［2］成诗敏，曹旺. 数字教材研究综述［C］//张际平. 计算机与教育：实践、创新、未来. 全国计算机辅助教育学会第十六届学术年会论文集. 北京：新华出版社，2014.

［3］钟岑岑. 国内数字教材研究现状文献综述［J］. 数字教育，2016，2（5）.

［4］孙众，骆力明. 数字教材关键要素的定位与实现［J］. 开放教育研究，2013，19（4）.

［5］SETDA. Navigating the digital shift 2018：broadening student learning opportunities［EB/OL］. https://files. eric. ed. gov/fulltext/ED594415.pdf.

［6］California open source textbook project［EB/OL］.［2020-03-20］. https://en.wikipedia.org/wiki/California_Open_Source_Textbook_Project.

［7］LEW H-C. Developing smart math textbook in Korea［J］. Afrika matematika，2020，31（2）.

［8］HAMEDI M A，EZALEILA S M. Digital textbook program in Malaysia：lessons from South Korea［J］. Publishing research quarterly，2015，31（4）.

[9] 徐丽芳，邹青. 国外中小学数字教材发展与研究综述 [J]. 出版科学，2020，28（5）.

[10] 彭雪庄. 教育信息化 2.0 时代优质数字教育资源普及模式探究：以广东省数字教材规模化应用调研为例 [J]. 中国电化教育，2018（9）.

[11] 徐德明. 天津市小学语文人教数字教材应用研究启动会召开 [J]. 天津教育，2019（4）.

[12] 赵永涛. 打通教育信息化应用融合“最后一公里”：宁夏全面推进中小学数字教材应用工作纪实 [J]. 宁夏教育，2020（11）.

[13] 袁华莉，王珺燕，李如意. 我国中小学数字教材应用现状调研及建议 [J]. 中小学数字化教学，2020（7）.

[14] 顾圣元. 基于数字教材的初中物理实验支架式教学设计与分析 [J]. 中小学数字化教学，2021（2）.

[15] 陈小琼. 小学数学基于数字教材的探究教学模式研究 [C] // 广东省教师继续教育学会. 广东省教师继续教育学会第二届教学研讨会论文集（一），2020.

[16] 方艳，沈一峰，王伟松. 教师如何使用数字教材：基于 20 篇初中语文教案的质性分析 [J]. 中小学数字化教学，2020（6）.

[17] 刘桐，沈书生. 从表征到决策：教育大数据的价值透视 [J]. 电化教育研究，2018，39（6）.

[18] 杨现民，唐斯斯，李冀红. 发展教育大数据：内涵、价值和挑战 [J]. 现代远程教育研究，2016（1）.

[19] 方海光. 教育大数据的本质和发展趋势 [J]. 中小学信息技术教育，2021（9）.

[20] 李香勇，左明章，王志锋. 学习分析的研究现状与未来展

望：2016年学习分析和知识国际会议述评［J］. 开放教育研究，2017，23（1）.

［21］郭炯，郑晓俊. 基于大数据的学习分析研究综述［J］. 中国电化教育，2017（1）.

［22］魏顺平. 学习分析技术：挖掘大数据时代下教育数据的价值［J］. 现代教育技术，2013，23（2）.

［23］胡立如，陈高伟. 可视化学习分析：审视可视化技术的作用和价值［J］. 开放教育研究，2020，26（2）.

［24］汪维富，毛美娟. 超越工具理性：促进学习分析研究成熟的发展进路［J］. 现代教育技术，2021，31（12）.

［25］李伟平，王武生，莫同，等. 情境计算研究综述［J］. 计算机研究与发展，2015，52（2）.

［26］黄志芳，赵呈领，黄祥玉，等. 基于情境感知的适应性学习路径推荐研究［J］. 电化教育研究，2015，36（5）.

［27］王冬青，韩后，邱美玲，等. 基于情境感知的智慧课堂动态生成性数据采集方法与模型［J］. 电化教育研究，2018，39（5）.

［28］杜静，高博俊，周伟，等. 国外适应性学习支持系统中情境感知模型对比研究［J］. 电化教育研究，2020，41（8）.

［29］沙沙，余宏亮. 我国中小学数字教材的发展历程与技术演进［J］. 中小学数字化教学，2019（12）.

［30］沙沙，代毅，赵子莹. 融合应用理念下的中小学数字教材设计策略［J］. 中小学数字化教学，2021（2）.

［31］杨惠中. 计算机辅助教学概述［J］. 外语电化教学，1979（1）.

［32］李谨. 纵论信息技术与课程整合：何克抗教授专访［J］. 中小学信息技术教育，2002（9）.

[33] 黄甫全. 试论信息技术与课程整合的实质及基本原理 [J]. 教育研究，2002，23（10）.

[34] 规划编制专家组.《教育信息化十年发展规划（2011—2020 年）》解读 [M]. 北京：人民教育出版社，2012.

[35] 何克抗. 学习“教育信息化十年发展规划”：对“信息技术与教育深度融合”的解读 [J]. 中国电化教育，2012（12）.

[36] 王志刚，沙沙. 中小学数字教材：基础教育现代化的核心资源 [J]. 课程·教材·教法，2019，39（7）.

[37] 孙智昌. 教科书的本质：教学活动文本 [J]. 课程·教材·教法，2013，33（10）.

[38] 王志刚. 构建以数字教材为内容核心的服务教育新业态 [J]. 科技与出版，2019（11）.

[39] 顾小清，傅伟，王华文. 遵从预设与定制路径：电子课本的学习地图设计 [J]. 电化教育研究，2013，34（6）.

[40] 何克抗. 运用“新三论”的系统方法促进教学设计理论与应用的深入发展 [J]. 中国电化教育，2010（1）.

[41] 何克抗，郑永柏，谢幼如. 教学系统设计 [M]. 北京：北京师范大学出版社，2002.

[42] 张家年. 网络教育中通用教学设计原则和模式的研究 [J]. 现代教育技术，2013，23（2）.

[43] CRAWFORD C. Non-linear instructional design model: eternal, synergistic design and development [J]. British journal of educational technology, 2004, 35（4）.

[44] 李向明. ADDIE 教学设计模型在外语教学中的应用 [J]. 现代教育技术，2008，18（11）.

[45] 俞建华. 首要教学原理视角下的网络课程建设模式 [J].

中国电化教育，2010（4）.

［46］郭炯，王晶晶. 面向 1：1 数字化学习的电子教材设计与开发研究［J］. 中国电化教育，2015（3）.

［47］庄科君，贺宝勋. 基于首要教学原理的电子教材的设计研究［J］. 现代教育技术，2012，22（4）.

［48］李靓婧. 面向有意义学习的数字教材及其学习环境的设计与应用［D］. 广州：华南师范大学，2016.

［49］王建中，曾娜，郑旭东. 理查德·梅耶多媒体学习的理论基础［J］. 现代远程教育研究，2013（2）.

［50］闫志明. 多媒体学习生成理论及其定律：对理查德·E. 迈耶多媒体学习研究的综述［J］. 电化教育研究，2008（6）.

［51］郑旭东，吴秀圆，王美倩. 多媒体学习研究的未来：基础、挑战与趋势［J］. 现代远程教育研究，2013（6）.

［52］张丽，盛群力. 技术应如何致力于促进学习?：梅耶论多媒体学习与教学设计的原则［J］. 远程教育杂志，2009（2）.

［53］代毅. 数字教材服务于中小学课堂教学的应用策略研究［J］. 中小学数字化教学，2021（S1）.

［54］DAI Y，LIU Z，LUO D. Research on the interactive psychological adaptability of teachers and students in smart classroom［J］. Basic & clinical pharmacology & toxicology，2020，127（3）.

［55］DAI Y，LIU Z，LUO D. Research on innovation and application of multi-dimensional interactive teaching mode in smart classroom：taking junior physics applied research as an example［J］. Journal of physics：conference series，2020，1575（1）.

［56］代毅，刘臻，傅龙. 基于智能研修平台的教师知识共享研修模型建构与实践［J］. 中国电化教育，2022（1）.

［57］李青，王涛. 学习分析技术研究与应用现状述评［J］. 中国电化教育，2012（8）.

［58］AGHABOZORGI S，MAHROEIAN H，DUTT A，et al. An approachable analytical study on big educational data mining［C］// International conference on computational science and its applications. Switzerland：Springer International Publishing，2014.

［59］卜昭锋，杜晓明，朱宁，等. 基于 xAPI 的数字化学习过程数据跟踪［J］. 现代教育技术，2019，29（1）.

［60］BERKING P. Choosing a learning record store（LRS）［R］. Washington：ADL，2016.

［61］张斯亮. 基于 xAPI 的网络学习行为分析模型研究［D］. 杭州：浙江工业大学，2016.

［62］CORBI A，BURGOS D . Review of current student-monitoring techniques used in eLearning-focused recommender systems and learning analytics：the experience API & LIME model case study［J］. International journal of artificial intelligence & interactive multimedia，2014，2（7）.

［63］顾小清，郑隆威，简菁. 获取教育大数据：基于 xAPI 规范对学习经历数据的获取与共享［J］. 现代远程教育研究，2014（5）.

［64］方海光，陈俊达，詹伟华，等. 基于 xAPI 标准数据的交互式学习资源设计研究［J］. 中国电化教育，2016（12）.

［65］DUHON R . Mapping learning into the experience API［J］. ATD，2014，68（1）.

［66］王冬青，李海霞，严珍. 基于 xAPI 规范的数字教材用户数据采集与资源推送策略［J］. 教育信息技术，2017（4）.

［67］WANG H Y，LIU T C，CHOU C Y，et al. A framework of

three learning activity levels for enhancing the usability and feasibility of wireless learning environments [J]. Journal of educational computing research, 2004, 30 (4).

[68] 沈毅, 崔允漷. 课堂观察: 走向专业的听评课 [M]. 上海: 华东师范大学出版社, 2008.

[69] 韩立, 刘正捷, 李晖, 等. 基于情境感知的远程用户体验数据采集方法 [J]. 计算机学报, 2015, 38 (11).

[70] 王冬青, 刘欢, 邱美玲. 智慧课堂教师行为数据的分析方法与应用验证 [J]. 中国电化教育, 2020 (5).

[71] SCHMIDT D A, BARAN E, THOMPSON A D, et al. Technological pedagogical content knowledge (TPACK): the development and validation of an assessment instrument for preservice teachers [J]. Journal of research on technology in education, 2009, 42 (2).

[72] 马志强, 岳芸竹. 面向即时数据采集与分析的学习投入纵向研究: 基于经验取样法与交叉滞后分析的综合应用 [J]. 电化教育研究, 2020, 41 (4).

[73] 牟智佳. 多模态学习分析: 学习分析研究新生长点 [J]. 电化教育研究, 2020, 41 (5).

[74] 吕莉, 张屹. 基于 Web 服务的网络学习行为采集研究现状 [J]. 开放教育研究, 2009, 15 (3).

[75] 徐晖, 仇宏斌, 李艺, 等. 基于数字采集设备的汉字书写质量评价研究 [J]. 现代教育技术, 2016, 26 (12).

[76] 柴唤友, 刘三女牙, 康令云, 等. 教育大数据采集机制与关键技术研究 [J]. 大数据, 2020, 6 (6).

[77] 邢蓓蓓, 杨现民, 李勤生. 教育大数据的来源与采集技术 [J]. 现代教育技术, 2016, 26 (8).

[78] 唐烨伟，赵桐，王伟. xAPI：新一代学习技术规范引领智慧教育新标准 [J]. 现代教育技术，2015，25（1）.

[79] WANG Y Y, WANG M Q. Data acquisition model for online learning activity in distance English teaching based on xAPI [J]. International journal of continuing engineering education and life long learning, 2020, 31 (1).

[80] ALONSO-FERNÁNDEZ C, MARTÍNEZ-DRTIZ I, CABALLERO R, et al. Predicting students' knowledge after playing a serious game based on learning analytics data: a case study [J]. Journal of computer assisted learning, 2020, 36 (3).

[81] XIAO J, WANG L M, ZHAO J S, et al. Research on adaptive learning prediction based on xAPI [J]. International journal of information and education technology, 2020, 10 (9).

[82] 肖君，乔惠，李雪娇. 基于 xAPI 的在线学习者画像的构建与实证研究 [J]. 中国电化教育，2019（1）.

[83] 杨现民，王怀波，李冀红. 滞后序列分析法在学习行为分析中的应用 [J]. 中国电化教育，2016（2）.

[84] 王紫琴，彭娴，吴砥. 学习分析技术规范比较研究 [J]. 开放教育研究，2017，23（1）.

[85] 郭炯，郑晓俊. 基于大数据的学习分析研究综述 [J]. 中国电化教育，2017（1）.

[86] 李青，赵越. 学习分析数据互操作规范 IMS Caliper Analytics 解读 [J]. 现代远程教育研究，2016（2）.

[87] 姜强，赵蔚，李松，等. 大数据背景下的精准个性化学习路径挖掘研究：基于 AprioriAll 的群体行为分析 [J]. 电化教育研究，2018，39（2）.

［88］王妍莉. 绩效技术视野下民族院校教师信息技术应用行为差异性及归因研究［J］. 中国教育信息化，2020（21）.

［89］蒋立兵，毛齐明，万真，等. 智慧教室促进高校课堂教学变革的绩效研究：基于课堂教学行为的分析［J］. 中国电化教育，2018（6）.

［90］黄晓辉，王成，熊李艳，等. 一种集成簇内和簇间距离的加权 *k*-means 聚类方法［J］. 计算机学报，2019，42（12）.

［91］APPALLA P，KUTHADI V M，MARWALA T. An efficient educational data mining approach to support E-learning［C］//Proc. of the 3rd international conference on information systems design and intelligent applications. New Delhi：Springer，2016.

［92］ZHANG W，HUANG X J，WANG S M，et al. Student performance prediction via online learning behavior analytics［C］//Proc. of IEEE International Symposium on Educational Technology. Piscataway，NJ：IEEE Press，2017.

［93］LI H，LI H N，ZHANG S，et al. Intelligent learning system based on personalized recommendation technology［J］. Neural computing and applications，2019，31（6）.

［94］李爽，钟瑶，喻忱，等. 基于行为序列分析对在线学习参与模式的探索［J］. 中国电化教育，2017（3）.

［95］冯志新，钟诚. 基于 FP-tree 的最大频繁模式挖掘算法［J］. 计算机工程，2004，30（11）.

［96］王冬青，韩后，邱美玲，等. 基于智慧课堂动态生成性数据的交互可视化分析机制研究［J］. 电化教育研究，2019，40（5）.

［97］JACOBSON M J，KIM B，PATHAK S，et al. To guide or not to guide：issues in the sequencing of pedagogical structure in computational model-based learning [J]. Interactive learning environments, 2015, 23 (6).

[98] 丁玉祥. “互联网 +”时代的区域教研工作方式转型与路径创新 [J]. 中小学数字化教学, 2017 (2).

[99] 马耀国, 李晓庆, 贺安祁, 等. “互联网+”助力区域教研转型的行动实践：以北京市通州区为例 [J]. 中小学数字化教学, 2020 (11).

[100] 闫寒冰, 单俊豪. 从培训到赋能：后疫情时期教师专业发展的蓝图构建 [J]. 电化教育研究, 2020, 41 (6).

[101] 教育部办公厅. 关于开展人工智能助推教师队伍建设行动试点工作的通知 [EB/OL]. (2018-08-08). http://www.moe.gov.cn/srcsite/A10/s7034/201808/t20180815_345323.html.

[102] 张治, 刘小龙, 徐冰冰, 等. 基于数字画像的综合素质评价：框架、指标、模型与应用 [J]. 中国电化教育, 2021 (8).

[103] 黄建国, 唐烨伟, 范佳荣, 等. 基于 xAPI 的在线学习环境中精准师训画像构建研究 [J]. 中国电化教育, 2020 (4).

[104] 余明华, 张治, 祝智庭. 基于可视化学习分析的研究性学习学生画像构建研究 [J]. 中国电化教育, 2020 (12).

后　记

2019年底，我进入北京师范大学教育学部，开始教育技术学专业博士后的研究生活，两年时间，转眼即逝，但对我的人生来说具有非同寻常的意义，应该说这是我人生中的一个重要转折点。2019年恰逢我硕士毕业参加工作十周年，在十年的工作经历中，我在珠海基础教育领域一直从事着平凡但有意义的工作，但遇到了瓶颈。瓶颈不仅仅是工作和专业上的，也是心理上的，我开始思考自身的价值和人生的意义，思考未来的发展方向。2019年，恰逢新中国成立70周年，国家的发展为我们青年人提供了创新创业的舞台，我深感荣幸。我是喜欢思考的人，从事科研和教学工作是我孜孜以求、躬身坚持的事，因此我来到首都北京投入我国基础教育信息化的研究工作，把自己的兴趣、爱好变成了专业和职业。开开心心工作，快快乐乐生活！

选择“数字教材”作为出站报告的主题源于2013年在珠海开展“粤教云”计划时期，那时我较早地在教育一线参与了第二代人教数字教材全国首个试点区的建设工作。选择“数字教材”作为出站报告的主题也是受一种使命的驱使，这种使命感源于我对专业不断追求的切身经历，这也使我感到责任重大。从数字教材的原型设计到开发、示范应用，我一直都有一种如履薄冰的感觉。让我深感荣幸的是，每一次遇到困惑的时候，我都能得到帮助。一项研究成果的产生，不是靠一个人，更多的是靠合作和集体攻关，本研究在推进的过程中，就充分体现了团队凝心聚力、开拓进取的精神和勇气。在此，我特别感谢一路上关心和支持我的各位领导、专家和同学。

得名师而从之，实乃吾生之幸事。感谢我的合作导师北京师范大学刘臻教授，他不仅带我进入了教育信息化的前沿领域，更让我找到了人生的追求，坚定了我继续做有价值的事不动摇的决心。特别感谢北京师范大学余胜泉、李玉顺、陈玲老师，我经常参加每周的研讨活动，获益匪浅。感谢我的博士生导师许俊教授一直对我的无私指导和帮助，感谢赵子莹、王冬青、李慧勤、任光杰、彭俊等专家，感谢马涛、罗丹、张倩、张晗等来自珠海的一线教师，正是有他们的支持、帮助与配合，研究才能顺利进行。感谢单位的领导和同事对我工作的关心和大力支持。由于篇幅所限，无法一一列举出所有人的名字，真挚的感激之情永记于心！

最后，我还要特别感谢我的家人，他们对我一如既往的鼓励支持，让我在遇到困难时能坚强面对，他们给予我不断奋斗的勇气和巨大的快乐！

代　毅

2024 年 11 月于澳门